低碳技术
国际竞争力比较
与政策环境研究

蒋佳妮　王灿／著

社会科学文献出版社
SOCIAL SCIENCES ACADEMIC PRESS (CHINA)

本专著受科技部科技创新战略研究专项"创新驱动国家低碳发展与应对气候变化战略问题研究"（项目编号：ZLY2015096）；科技部改革发展专项"巴黎会议后应对气候变化急迫重大问题研究"资助出版。

前　言

技术问题是低碳发展的核心问题。当前，中国已进入推动低碳发展和应对气候变化的关键时期。在国际上，巴黎气候变化缔约方大会达成了全球应对气候变化的新协议——《巴黎协定》，中国在此次大会上也重申了此前向《联合国气候变化框架公约》秘书处提交的 2020 年后国家自主贡献文件的内容，即中国二氧化碳排放将于 2030 年左右达到峰值并争取尽早达峰，到 2030 年单位国内生产总值二氧化碳排放比 2005 年下降 60%～65%，非化石能源占一次能源消费的比重将于 2030 年左右达到 20% 左右（新华社，2016）。为兑现《巴黎协定》承诺，中国需加快发展非化石能源并且加速能源结构调整。在这一宏观背景下，加快实施创新驱动发展战略，破除制约中国低碳发展和应对气候变化的技术、政策和制度障碍，是加速中国向可持续发展模式转变、培育经济新增长点的迫切需求。

对于低碳产业的发展，各国均予以高度重视，并将其视为战略性新兴产业来培育和发展，致力于有效运用知识产权战略提升低碳技术的国际竞争力。可以说，知识产权已经成为各国在低碳技术领域展开竞争的焦点。在这方面表现尤为明显的是日本，日本在其低碳技术发展的各个时期，十分注重本国企业专利先行海外布局的战略规划与实施，通过一系列政策或举措促进本国企业对外申请专利。迄今为止，日本的太阳能光伏、新能源汽车等技术专利数量在美国、德国、巴西、南非等国际市场上均处于领先的地位。在美国和德国这样的老牌发达国家，日本的上述低碳技术甚至超过美、德两国在本国的专利布局。这不得不令人惊叹！

近年来，中国的低碳产业日趋壮大，在低碳技术基础研发、新能源设备研制技术等方面均取得了规模化和市场化的进步。在核能发电等低碳技术领域形成了一定的优势，获得了国内自主知识产权和共有国际市场知识产权，并实现了一定的产业化目标。在太阳能产品和生产装备制造、风力发电机组及零部件制造、太阳能光伏发电运营维护几个产业，中国的专利申请量均已突破了10000件。中国政府不断加大海外推广低碳技术和产品的力度，促使中国低碳产业在国际上的影响力不断增强，中国企业自发向海外拓展的步伐也在加快。目前中国的光伏发电、风电装备等产业都已经具备了一定的国际竞争力，海外拓展捷报频传。

中国政府十分重视低碳技术国际竞争力的提升。2015年，中国发布了第一个制造强国的十年规划——《中国制造2025》，提出要坚持"创新驱动、质量为先、绿色发展、结构优化、人才为本"的基本发展方针。同年，中国发布《推动共建丝绸之路经济带和21世纪海上丝绸之路的愿景与行动》，提出要"实现沿线各国多元、自主、平衡、可持续的发展……促进沿线国家加强在新能源、新材料等新兴产业领域的深入合作"，为中国包括光伏发电、风电装备在内的若干低碳制造产业的发展和低碳技术"走出去"提供了新的机遇，也为沿线国家合作创新、共同应对气候变化提出了新的方向。2016年年底，国务院发布《"十三五"国家战略性新兴产业发展规划》，提出加快低碳技术发展、打造世界领先新能源产业的目标，加快提高创新能力和竞争力，形成全球产业发展新高地，大幅提升节能环保、新能源、生物等领域新产品和新服务的可及性，"加快发展先进核电、高效光电光热、大型风电、高效储能、分布式能源等，加速提升新能源产品经济性，加快构建适应新能源高比例发展的电力体制机制、新型电网和创新支撑体系，促进多能互补和协同优化，引领能源生产与消费革命。到 2020 年，核电、风电、太阳能、生物质能等占能源消费总量比重达到 8% 以上，产业产值规模超过 1.5 万亿元，打造世界领先的新能源产业"。

2015 年，国际能源署（IEA）发布的题为"2015 能源技术展望：利用创新加速气候行动"报告认为：新兴经济体在全球研究、开发和示范（RD&D）中的总体份额正在上升，一些国家（尤其是中国）正在消除关键领域的差距，但是相关专利数据表明，目前能源技术创新仍然集中在少数经合组织国家内。虽然中国的低碳技术发展取得了不可忽视的成绩，但相比低碳技术先进的发达国家，中国目前的低碳技术发展仍面临诸多"内忧外患"。从国内情况看，中国低碳领域的整体科技水平有待提升，政策体制机制有待完善，能源资源的利用率需提高，企业自主创新能力亟须加强。而国际形势则更加严峻。一方面，中国的低碳技术发展还在持续遭受全球贸易保护主义的"围追堵截"。相关资料显示，2009 年至 2016 年 2 月，全球范围内发起的 7948 起贸易保护措施中，针对中国的高达 3831 起，其中有 1304 起专门针对中国装备制造业，中国光伏发电和风电装备是主要的调查对象（张栋钧，2016）。另一方面，以专利角逐国际市场已经成为各国低碳企业的隐形武器。因知识产权而产生的贸易摩擦在低碳行业频繁出现，2008 年，美国风机制造商 GE 试图通过"337 调查"阻止日本三菱重工进入美国市场；2004 年、2006 年和 2009 年，美国 Paice 公司试图通过法院诉讼、"337 调查"等途径以丰田汽车公司的凯美瑞、第三代Prius 及部分雷克萨斯车型侵犯了其有关专利为由阻止丰田汽车进入美国市场；2011 年美国超导公司向中国华锐风电发起知识产权诉讼，指其在未获授权的情况下使用其专有的风力发电机软件代码，并违反供应合同等。

着眼于中国生态文明建设和全球应对气候变化趋势，在全球能源变革发展趋势和中国经济社会低碳转型的发展要求下，中国低碳技术的发展及"走出去"是否已经具备了足够的国际竞争力？与全球先进国家相比，中国还存在哪些差距？如何弥补存在的差距进而提升中国低碳技术和装备的国际竞争力？本书试图具体研究和回答这些问题。

低碳技术的竞争力考察的是通过推动低碳技术的改进和创新以使组织在获得市场竞争优势的同时有效控制和降低碳排放量的能力。在多数文献中，对竞争力的研究，把研究对象分为两类：一类是关于国家竞争力的研究；另一类是关于企业竞争力和产业竞争力的研究。产业竞争力是由四个层次内容组成的，包括竞争力的来源——产业环境、竞争力的实质——生产率、竞争力的表现——市场份额、竞争力的结果——产业利润率（陈立敏、王漩，2009）。这四个层次间存在着环环相扣的循环逻辑关系。技术是支撑产业发展壮大的核心要素，判断某一行业内重点产业的技术竞争力，尤其是这些技术在主要国际市场中的竞争力，在当前仍是一个十分重要但容易被忽视的问题。对于如何衡量某行业重点产业的竞争力，通常研究中采取的多为波特钻石模型分析法。但是，具体到技术竞争力的衡量，该设置哪些衡量指标？需考虑哪些影响因素？并没有形成较为统一的研究共识。具体到低碳产业，当前低碳技术进步能够有效提高制造业的产业竞争力，通过低碳技术进步改进传统技术和工艺，或者开发新能源，降低产业生产成本，提高制造业的供给量，扩大产业出口份额，提高产业竞争力。低碳技术进步引导低碳消费结构的变化，增加国内市场和国外市场对低碳产品的需求量，提高制造业产品的市场份额和利润率，提高产业竞争力。

根据现有文献对低碳技术概念的概括可知，低碳技术可分为三种类型。一是减碳技术，是指高能耗领域和高排放领域的节能减排技术，例如煤的清洁高效利用技术、油气资源和煤层气的勘探开发技术以及节能 LED 技术等。二是无碳技术，例如核能、太阳能、风能、生物质能等可再生能源技术。三是去碳技术，比较典型的是二氧化碳捕获与埋存技术（CCS）。低碳技术创新是实现气候变化减缓目标的核心所在，同时也是实现经济发展目标的重要支撑。

中国低碳技术在国内市场上与其他国家技术的实力相比，更容易获得数据，也更容易得出分析结果，且这类文献和论证也较为充分，为相关企业和政府决策提供了重要参考。但是，对于中国低碳技术在海外市场的竞争力现状究竟如何，目前的研究并不充分。当前，中国正在进行创新驱动绿色低碳转型，原本主要依赖出口拉动经济的方式将被替代，中国的竞争优势将逐步从劳动力低成本优势向高新技术竞争优势转变。党的十八大报告指出，"科技创新是提高社会生产力和综合国力的战略支撑，必须摆在国家发展全局的核心位置"。低碳技术的发展是不断扩张的市场需求和市场竞争力的一种体现，低碳产业体系和低碳发展方式将成为一个国家核心竞争力的标志，代表着一个国家的长期发展潜力和竞争优势。中国只有加快实施创新驱动战略，顺应并引领世界能源变革和低碳发展的潮流，打造低碳发展的核心竞争力，才能顺势发展强大，由经济大国转变为经济强国，实现中华民族的永续发展。

本书的上篇主要关注中国低碳技术国际竞争力的专利研究。通过文献分析、专家调研问卷和交流等方式，以相对更具技术优势且专利数据相对完善为原则，甄别核电、风电、太阳能、新能源汽车四项低碳技术作为对中国低碳技术国际竞争力分析的典型对象，并运用专利分析法开展研究。需要强调的是，对外专利申请和布局分析是反映一国技术国际竞争力现状的重要指标。当前，通过专利分析法对全球低碳技术发展现状的研究主要有两类：一是宏观层面的，包括对全球专利申请数量和各主要国家专利申请数量的统计分析；二是微观层面的，包括以技术热点和申请人为基础展开的检索和研究。然而，目前鲜有中国低碳技术对外专利申请和布局的对比分析，如对主要低碳技术的具体技术领域的 PCT 申请情况的对比，以及将中国具体的低碳技术与相应的低碳技术强国的技术置于国际上主要的低碳市场中进行专利的分析和对比等。运用欧洲专利局"Espacenet"数据库系统，通过欧洲专利局 CPC 分类号 Y02 "减缓和适应气候变化技术及应用"，设定检索条件（针对不同国家、不同年份、上述四项技术在申请号、公开或公告日和 CPC 等检索字段中输入检索词，从而得出上述四项技术在某一国家和某一年份的专利申请情况），进而评估中国低碳技术对外专利申请和布局现状；根据上述四项专利的世界布局情况分析和专家调研，选定世界主要市场，并在这些市场与世界强国的技术进行对比分析，总结中国低碳专利的国际竞争力现状及差距，并提出进一步的对策建议。

低碳技术的发展，无论是研发、示范，还是产业化推广和应用，每个环节都离不开政策的支持。中国低碳技术发展的政策环境如何？与发达国家低碳技术发展的政策环境相比，还存在哪些差距？如何营造有效的低碳创新环境，提升中国低碳技术的国际竞争力？本书下篇就低碳技术发展的政策环境问题专门进行了研究，首先梳理总结了中国国内低碳技术发展支持政策现状，接着对美国、日本和欧洲一些国家和地区的低碳技术发展政策进行了归纳和经验总结。通过上述政策梳理和经验总结，本书最后提出了进一步提升中国低碳技术国际竞争力的政策建议。

通过低碳技术专利竞争力情况的国际对比得出相关结论，并提出了对中国具有代表性的低碳技术专利国际竞争力现状的基本判断，明确了差距和不足之处，并提出了具体的建议。这些判断和建议对于相关低碳行业的发展及"走出去"均具有参考价值。

摘 要

当前，通过对外来技术的引进、消化和吸收，中国已经在光伏发电、风力发电、生物质能发电等技术领域取得了重要进展。中国企业已经掌握和形成了一批技术含量高、发展前景好的专利技术，整体的专利技术和产业化水平正在大幅提升。但是中国部分优势技术的海外专利布局仍然是非常缺乏的，这不利于提升中国低碳技术的国际竞争力。中国低碳技术的国际竞争力情况究竟是怎样的？与先进国家相比有哪些优势又有哪些不足？进一步提升中国低碳技术竞争力的路径在哪里？该如何做？本书就上述问题展开了研究。

本书分为上、下两篇。上篇选取中国核电、风电、太阳能光伏发电、新能源汽车四个具有代表性和发展相对具有优势的低碳技术领域，通过专利分析的方法，对上述四个领域的中国低碳技术与其他先进国家低碳技术在全球主要的国别市场的发展情况展开定量分析。接着通过与行业企业和技术专家展开多种形式的交流和互动，进一步就上述定量分析的结果与其市场环境相联系，提出如何进一步提升上述四个领域技术国际竞争力的对策建议。下篇全面梳理和分析了中国低碳技术发展的政策环境，并对比分析了欧美等主要发达国家发展低碳技术的政策实践和中国发展低碳技术的政策现状，试图找出中国低碳技术创新政策方面与主要发达国家之间的差距，并结合前文对中国低碳技术现有竞争力的判断，进一步识别中国发展低碳技术的政策环境障碍，提出营造低碳技术创新发展适宜政策环境的措施和建议。

本书的核心观点如下。

从专利申请情况看，中国近年来在核电、风电、太阳能光伏发电、新能源汽车等领域的技术上取得了较快的进展，在一些技术领域实现了对欧美等发达国家的赶超，市场潜力很大。从专利全球布局情况看，中国核电、风电、太阳能光伏发电、新能源汽车等低碳技术在国外的申请力度不够，与美、法、日等发达国家相比，差距悬殊。从全球主要国别市场的低碳技术专利对比情况看，中国低碳技术亟须提升本国专利质量，并加大在发达国家和其他发展中国家的海外专利布局。

为进一步提升中国低碳技术国际竞争力，需做如下努力。

第一，强化低碳技术自主创新能力。一方面，需营造良好的知识产权保护环境，确保企业、研发机构和个人实现创新收益。另一方面，企业需增强专利意识，挖掘专利信息数据的价值，优化企业对未来发展的决策。

第二，加强专利对比分析和侵权风险预警机制建设。其一，企业应在常规运营环节加强相关能力建设，就相关竞争对手的专利权主张情况进行动态追踪和监测。其二，行业协会应就全球低碳行业的专利侵权事实进行动态追踪和监测，结合当前的市场、政治、法律等多种因素，进行综合的风险评估与分析，并发布面向企业的风险预报。其三，政府应为中国低碳企业"走出去"营造更为稳定的政治、法律环境，加强建设扶助企业"走出去"的法律风险控制体系，探索设立主权专利基金，解决企业"走出去"中的知识产权困境，进一步增强中国企业技术竞争力。

第三，加快海外市场的专利战略布局。扶持低碳技术领域实力较强的企业和研究机构，鼓励其采取"专利先行"战略，学习国外竞争对手的成功经验，视情况采取防御型专利布局战略，通过考虑潜在持久市场需求、自身技术消化吸收能力、项目谈判是否涉及技术转让要求等因素，预先评估潜在市场，建立适合自己的海外技术转让模式，确立潜在市场的专利布局战略，以实现科学布局海外专利，以求获益最大化，并规避他国低碳技术竞争对手在潜在国市场的技术壁垒，助力中国低碳企业在国际市场竞争中占据有利位置。

第四，积极参与低碳领域的国际技术合作。一方面，加强与世界低碳技术强国在技术开发和应用等领域的合作，支持企业以多种合作模式参与国际项目竞标，加强与世界低碳技术强国在低碳技术研发领域的深入合作和联合研发，提升中国低碳技术人员的研发创新能力。另一方面，积极促成与世界低碳技术强国共同开拓第三方市场，规避知识产权、地缘政治等方面可能出现的障碍。鼓励采取装备、技术、标准和资本的一揽子方式进行对外合作，并加强低碳产业链战略联盟的合作、人才培养领域的合作等。

目 录

·上 篇·

中国低碳技术国际竞争力研究

・下　篇・

促进低碳技术创新的政策环境研究

上　篇

中国低碳技术国际竞争力研究

第一章　中国低碳技术发展现状

一　中国低碳技术发展概况

（一）中国低碳技术发展取得的成绩

中国的低碳产业日趋壮大，在新能源设备研制技术方面取得了很大进步。在低碳技术基础研发方面，中国重点部署了整体煤气化联合循环技术、大规模可再生能源发电技术、新能源汽车技术及低碳替代燃料技术等 10 项关键减缓技术。同时，还部署了极端天气气候事件预测预警技术、干旱地区水资源开发与高效利用等 10 项关键适应技术。在"863"计划和科技支撑计划的支持下进行了能源清洁高效利用技术、重点行业工业节能技术与装备开发及重点行业清洁生产关键技术与装备开发等，取得了一批具有自主知识产权的发明专利和重大成果。

"十二五"期间，科技部研究并制定了《节能减排与低碳技术成果转化推广清单》，以促进低碳技术的推广应用；国家发改委公布第四批《国家重点节能技术推广目录》，公布涉及煤炭、电力、钢铁等行业的 22 项节能技术为国家重点节能技术推广项目，工信部编制完成了钢铁、石化、有色等 11 个重点行业节能减排先进适用技术目录、应用案例和技术指南，共计产业化推广重大节能技术 30 余项。在核能发电等低碳技术领域形成了一定的优势，获得了国内自主知识产权和共有国际市场知识产权，并实现了一定的产业化目标。在太阳能产品和生产装备制造、风力发电机组及零部件制造、太阳能光伏发电运营维护几个产业，中国的专利申请量均已突破了 10000 件。同时，中国还实施了重大科技示范工程，以煤层气开发利用、油气资源高效开发、高效清洁发电、智能电网等技术领域为重点，促进科技成果尽快转化为生产力。

2014 年以来，中国低碳产业加快了向国际市场拓展的步伐，积极参与国际竞争。一方面，中国政府加大海外推广低碳技术和产品的力度，促使中国低碳产业在国际上的影响力不断增强。习近平总书记在访问拉美期间，见证了中国与拉美国家签署的多项低碳产业领域合作文件，如中国与阿根廷签署了《中国－阿根廷合作在阿建设重水堆核电站的政府间协议》。李克强总理 2014 年全年共出访 12 个国家，在历次出访中签署的海外大单的总金额已超过 1400 亿美元，低碳产业项目是其中重要的组成部分，如在欧洲签署的多个新能源合作协议：江苏苏美达集团与法国电力（EDF）新能源希腊分公司签署了风机建设合作项目；正信光伏与英国绿色能源供应商 MAP Environmental 达成了 400 兆瓦英国太阳能光伏电站投资合作协议。另一方面，企业自发向海外拓展的步伐在加快。目前中国的光伏发电、风电装备等产业都具备了一定的国际竞争力，海外拓展捷报频传。例如，英利集团在阿尔及利亚、泰国、塞内加尔等国家以 EPC 总包方式切入国外光伏电站建设，加快了其国际化布局的进程；汉能太阳能集团与日本双日机械株式会社在太阳能薄膜发电应用领域建立了长期的合作关系；吉利收购英国电动车制造商 Emerald Automotive（绿宝石汽车）公司，加快了整合新能源汽车技术开发的步伐；首拓环保能源有限公司成为荷兰航空公司航油供应商；光谷北斗公司在泰国建立北斗导航中心及中国－东盟北斗和地球空间产业示范基地；安徽江淮汽车股份有限公司首批将100辆纯电动汽车出口至美国，开创了纯电动汽车规模投放海外发达国家市场的先河；2017年1月，英国正式通过对"华龙一号"进行审计审查（GDA），如果"华龙一号"能够在5年内通过英国GDA，将证明"华龙一号"的国际竞争实力。

（二）中国低碳技术发展面临的挑战

在看到成绩的同时，我们也需要看到，2014年以来，中国低碳产业发展面临的外部压力和风险在不断加大，低碳产业海外发展的环境不容乐观。一方面是国际市场政策环境恶化，各类贸易壁垒有向低碳产业转移的趋势。如美国、澳大利亚、欧洲等国先后对中国光伏产品提出"双反"调查。同年12月，各类贸易摩擦更是集中爆发，如12月5日加拿大正式对中国光伏组件和晶片发起反倾销、反补贴调查；12月17日美国公布第二起对华光伏"双反"案终裁，根据美方裁决结果，中国企业需交税率大幅提升，此前通过借道中国台湾模式避税的模式也被堵死，中国台湾企业也将面临高额税率，这将对中国光伏产业的出口造成较大打击。另一方面是国际经济不振，海外市场需求持续疲软。目前，世界各主要经济体回升缓慢且困难重重，中国面临传统市场复苏乏力、新兴市场需求不旺的总体出口形势，影响低碳产业产品出口。如部分没有受到贸易壁垒阻碍的低碳产业的出口量亦出现明显下滑，2014年1～10月中国环境保护专用设备制造出口交货值累计增速为－4.91%，同比下降了26.6%。中国在欧美的市场份额较大，中国在亚非拉市场也占据一定的份额。但中国在海外市场的份额优势主要是得益于其原材料和制造成本的优势。中国低碳技术的创新力排名中等水平，反映了中国低碳产业的技术实力仍有待提升。

国际能源署（IEA）发布的题为"2015 能源技术展望：利用创新加速气候行动"的报告认为：新兴经济体在全球研究、开发和示范（RD&D）中的总体份额正在上升，一些国家（尤其是中国）正在消除关键领域的差距，但是相关专利数据表明，目前能源技术创新仍然集中在少数经合组织国家内。虽然中国已逐渐成为新能源大国，但核心技术的缺失仍然是企业"软肋"所在，低碳技术总体上仍然薄弱，对中国低碳发展形成挑战。

技术问题是低碳发展的核心问题，也将是中国由"高碳"向"低碳"转变的最大制约和挑战。中国目前虽然在太阳能和风电等低碳领域的制造和应用走在世界前列，但是低碳领域的国际竞争力仍有待进一步提升。尤其中国企业在低碳技术研发方面能力不足，与国际先进企业相比还有不小的差距。与国外相比，中国企业在低碳领域的专利申请和授权情况有较大差距。中国企业自主创新能力总体上比较薄弱，技术创新缺乏全面有效的支撑服务，产、学、研用结合的体制机制不完善，发展低碳的高端技术人才仍比较缺乏。而掌握低碳技术的发达国家不可能把低碳技术转让给发展中国家，低碳技术的国际转让机制难以建立起来。因此，低碳经济发展需要的技术主要靠自身攻关，这将成为中国低碳产业发展的重要挑战。

长期以产能推动的低碳技术发展不可持续。近两年，中国新能源产业的发展面临一系列挑战。首先是产能过剩。中国"十二五"规划将新能源列为重点发展的战略性新兴产业，但这是基于国家整体战略的长期发展目标而定的。一些地方政府出于对 GDP 增长的需求，沿袭以投资拉动增长的传统思路，在没有经过充分的科学分析与论证的情况下，通过一系列扶持措施，推动光伏、风电等新能源项目上马，导致企业一拥而上，行业产能过剩。专业机构的调查数据显示，2012年全球光伏行业晶硅组件产能共60.3GW，其中来自中国的产能就高达40GW，也就是说，全球2/3的光伏产能来自中国，而在这一年，全球光伏产业的装机容量仅为30.5GW。风电行业的情况也不容乐观，据媒体报道，2011年中国风电设备制造行业产能已达30GW以上，而2011年中国风电新增装机容量约为17GW，2012年约为14GW；国内风电设备制造业产能超过实际需求量的一倍。产能过剩造成中国新能源企业经营困难，举步维艰。很多曾经的行业明星业绩大幅下滑，有些已负债累累，甚至宣布破产。

核心技术缺失，自主研发能力不强。根据《中国新能源产业发展与安全报告（2011~2012）》指出，中国新能源产业的很多关键技术设备依赖发达国家。如风力发电设备的整机控制系统需要进口；太阳能电池的高纯度原料和主要生产设备也需从国外输入；用于生物质能发电的焚烧发电锅炉也主要产自国外（李孟钢，2012：20）。究其原因，是因为中国的新能源产业在很大程度上仍沿袭传统制造业的发展模式，特点是以加工为主、产品附加值低。因而高额利润都被国外厂商赚走。以光伏行业为例，上游晶体硅制备、切片环节技术含量高、利润回报最多，主要被发达国家企业垄断；中国企业大多从事居于产业链下游的电池、组件制造装配业务，业务技术门槛不高、竞争者众多、收益也较低。中国光伏行业因此被称为"世界加工厂"，此行业对外依存度高、议价能力弱。近些年来，中国的新能源产业迅速增长，但一些业内企业忽视研发创新工作，以致长期可持续发展能力不足。

低碳技术转移面临诸多壁垒，国外技术封锁和国内技术水平落后两方面的因素，使目前中国的低碳技术转移集中于简单的设备转染和工程服务等第一类技术，而有利于本国技术"能力"提升的知识转移和再创新的第二类和第三类技术转移活动严重缺乏。

因而出现政、企、研主体整合程度较低、企业与科研机构的信息不对称、合作机制内部缺乏评估回路、各方利益没有得到有效协调等不良现象。

生产成本偏高。中国新能源产业发展面临的首要问题是生产成本较高、市场竞争力弱。例如，同等投入下，如果传统燃煤发电成本是10，则小水电的发电成本是12，生物质的发电成本是15，风能发电的成本是23，光伏发电则达到40。新能源产品的成本均高于传统的能源产品，高昂的成本是新能源产品不能商用化和市场化的直接原因。中国的光伏电池由于成本较高，使用领域很窄，目前主要用在航空航天、海洋和轨道交通等方面，几乎没有别的市场。没有成本优势，市场竞争力自然很弱。由于新能源产品的本身特点及其高昂的成本，目前中国的新能源产品缺乏广泛的社会认可度及市场竞争力。

二　中国低碳技术在华专利市场的中外对比分析

（一）中国新能源产业的专利申请总体分布

在中国新能源产业的专利申请中，发明专利申请占51%，实用新型专利申请占49%。新能源产业中国专利申请具体情况，参见图1-1和表1-1。

表1-1　新能源产业中国专利申请总体分布

单位：件

	专利申请	授权	发明	实用新型
总量	222948	141027	101639	99019

资料来源：国家知识产权局规划发展司，《新能源产业专利技术动向分析报告（下）》，2016年2月25日。

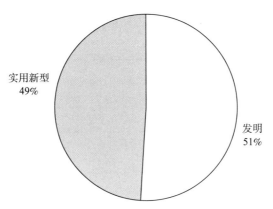

图 1 - 1 新能源产业中国专利申请总体分布

资料来源：国家知识产权局规划发展司，《新能源产业专利技术动向分析报告（下）》，2016 年 2 月 25 日。

（二）国内外申请人在华专利申请对比分析

新能源产业领域的专利，在专利申请方面，国内申请占比优势明显；在专利授权方面，国内、国外占比相差不大，总体比较下来，国内授权率较低。如图 1 - 2 所示，在华专利申请方面，国内占比 63%，国外占比 37%。在华专利授权方面，国内占比为53%，国外占比为 47%。由表 1 - 2 可知，新能源产业国内申请、授权的绝对数量均高于国外，并且国内发明和实用新型专利申请量远高于国外，但授权量国内、国外差异较小。

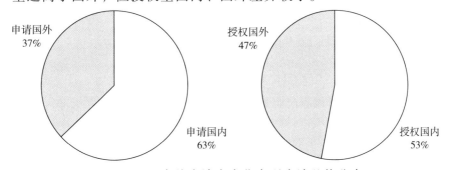

图 1 - 2 国内外申请人在华专利申请总体分布

资料来源：国家知识产权局规划发展司，《新能源产业专利技术动向分析报告（下）》，2016 年 2 月 25 日。

表 1-2　新能源产业国内外申请人在华专利申请量

单位：件

申请人 申请量	专利申请		授权		发明		实用新型	
	国内	国外	国内	国外	国内	国外	国内	国外
总量	182693	106576	122618	106576	85597	16042	96854	2165

资料来源：国家知识产权局规划发展司，《新能源产业专利技术动向分析报告（下）》，2016 年 2 月 25 日。

新能源产业领域的专利，国内的发明与实用新型专利申请量基本相当，而国外发明的专利申请量为国外实用新型专利申请量的 8 倍，在新能源产业领域，国外在华专利申请以发明专利为主。如图 1-3 所示，在华申请的新能源专利中，发明国内占在华专利申请总量的 43%，实用新型国内占在华专利申请总量的 48%，发明国外占比 8%，实用新型国外占在华专利申请总量的 1%。

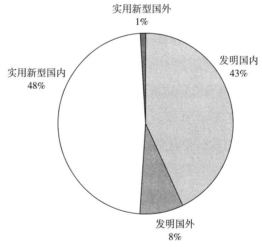

图 1-3　新能源产业国内外申请人在华专利申请类型分布

资料来源：国家知识产权局规划发展司，《新能源产业专利技术动向分析报告（下）》，2016 年 2 月 25 日。

（三）国内外申请人在华专利申请技术布局

新能源产业国内外专利申请技术布局的侧重点基本相同，排名前五的主要技术主题中相同的有四个，分别为太阳能产品和生产装备制造，智能变压器、整流器和电感器制造，生物质能及其他新能源设备制造，风力发电机组及零部件制造（国家知识产权局规划发展司，2016：7）。

表1-3　新能源产业国内外申请人在华专利申请技术布局对比

排名	国内申请人		国外申请人	
	技术主题	申请量（件）	技术主题	申请量（件）
1	太阳能产品和生产装备制造	62931	太阳能产品和生产装备制造	17760
2	智能变压器、整流器和电感器制造	36526	智能变压器、整流器和电感器制造	5921
3	生物质能及其他新能源设备制造	29609	风力发电机组及零部件制造	5522
4	太阳能发电运营维护	24654	生物质能及其他新能源设备制造	5488
5	风力发电机组及零部件制造	18696	电力电子基础产业	2815
6	电力电子基础业	8950	核燃料加工	2307
7	新能源产业工程施工	7638	太阳能发电运营维护	1962
8	风能发电运营维护	5269	风能发电运营维护	1478
9	核燃料加工	4799	新能源产业工程施工	364
10	新能源产业工程勘察设计	773	核电运营维护	335
11	核电运营维护	501	核电装备制造	140
12	核电装备制造	278	生物质能及其他新能源运营维护	36
13	生物质能及其他新能源运营维护	143	新能源产业工程勘察设计	32

资料来源：国家知识产权局规划发展司，《新能源产业专利技术动向分析报告（下）》，2016年2月25日。

"十二五"期间（2011～2015年），新能源产业绝大多数技术主题国内申请量占比均超过 80%，部分技术主题如太阳能光伏发电运营维护，生物质能及其他新能源设备制造，生物质能及其他新能源运营维护，智能变压器、整流器和电感器制造，新能源产业工程施工，新能源产业工程勘察设计，申请量占比均超过 90%，具体各技术主题国内外申请人申请量如表 1-3 所示。

表 1-4 新能源产业"十二五"期间国内外申请人
在华专利申请技术布局对比

技术主题	国内申请人申请量（件）	国外申请人申请量（件）
核燃料加工	3412	618
核电装备制造	187	46
核电运营维护	348	116
风力发电机组及零部件制造	10764	2299
风能发电运营维护	4316	719
太阳能产品和生产装备制造	40148	7681
太阳能发电运营维护	15059	944
生物质能及其他新能源设备制造	16538	1722
生物质能及其他新能源运营维护	117	13
智能变压器、整流器和电感器制造	24572	2121
电力电子基础产业	5530	876
新能源产业工程施工	5912	98
新能源产业工程勘察设计	667	9

资料来源：国家知识产权局规划发展司，《新能源产业专利技术动向分析报告（下）》，2016 年 2 月 25 日。

（四）新能源产业在"十二五"以前和"十二五"期间国内外申请人数量情况

如图 1-4 所示，"十二五"以前，新能源产业国内大学和科研院所以及个人和其他的申请量占比达到 90% 以上，国内企业申请量占比为 50%。从申请量具体数据看，国内企业以及个人专利申请量分别 1.6 万件和 1.9 万件，而国外新能源产业领域的在华专利申请主体是国外企业，专利申请量达 1.6 万件。

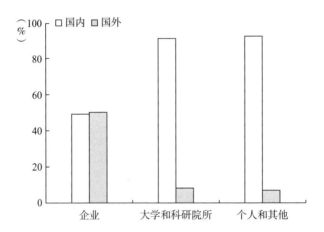

图 1 - 4　新能源产业"十二五"（2011 年）以前国内外申请人在华专利申请主体对比

资料来源：国家知识产权局规划发展司，《新能源产业专利技术动向分析报告（下）》，2016 年 2 月 25 日。

如图 1 - 5 所示，新能源产业"十二五"期间国内大学和科研院所以及个人和其他的申请量占比达 90% 以上，企业申请量占比超过 80%，从申请量具体数据看，国内企业专利申请量达 6 万件，是大学和科研院所以及个人和其他的申请量的 3 倍多，国内企业成为中国新能源领域的创新主体，国外新能源产业领域的在华专利申请主体是国外企业，专利申请量达 1.6 万件。

新能源产业在"十二五"以前和"十二五"期间国内申请人中国内大学和科研院所以及个人和其他的申请量仍占主要部分，对比图 1 - 4 和图 1 - 5，国内申请中企业申请量占比有了大幅提高，从"十二五"之前的 50% 提高到"十二五"期间的

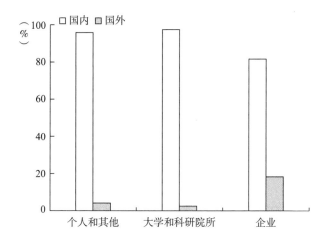

**图1－5　新能源产业"十二五"（2011～2015年）期间国内外申请人
在华专利申请主体对比**

资料来源：国家知识产权局规划发展司，《新能源产业专利技术动向分析报告
（下）》，2016年2月25日。

80％以上，增幅明显，这与"十二五"期间国家政策对国内企业
的大力扶持是密切相关的。而新能源产业国外申请人在"十二
五"期间的申请总量则略有降低，在华专利申请主体仍为国外
企业。

三　中国低碳技术的国际竞争力分析框架

（一）全球低碳技术发展态势

1. 全球低碳技术创新增长速度加快

1995～2007年，新能源产业的相关专利申请量在世界范围内
每年以大致固定量增加；自2008年开始，新能源产业的相关专利
申请量在全球范围内快速增长，到2012年，其年原创申请量已超
过100000项，是1995年的5.5倍（见图1－6）。

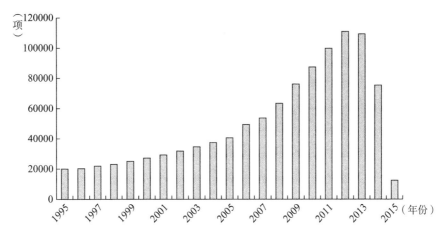

图 1-6 新能源产业全球专利申请趋势

资料来源：国家知识产权局规划发展司，《新能源产业专利技术动向分析报告（上）》，2016 年 2 月 25 日。

2. 全球低碳技术发展较好的国家仍普遍面临提高商业化率的问题

《全球清洁技术创新指数 2014》对 40 个国家在创造力、商业化和清洁技术初创企业成长等方面的 15 个指标进行了评价。试图

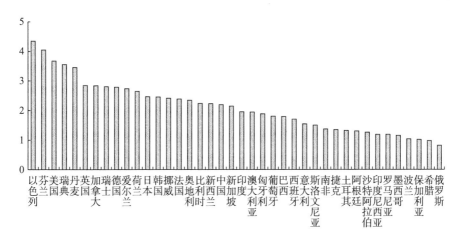

图 1-7 清洁技术创新指数国家排名

资料来源：Cleantech Group，WWF. Global Cleantech Innovation Index 2014：35-36.

回答这样一个问题：在孕育那些能够在未来十年中成功将创新型清洁技术商业化的初创企业方面，哪些国家最具潜力？该研究的重要发现是：除了丹麦，所有在清洁创新指数中位列前十的国家都在早期清洁技术发展方面表现较好，但共同面对的挑战是如何提高商业化率。

图1-8　清洁技术创新商业化程度得分地图

资料来源：Cleantech Group，WWF. Global Cleantech Innovation Index 2014：47.

3. 中国是全球新能源产业技术原创申请量最大的国家

图1-9反映了全球新能源产业之技术领域的原创专利申请量国家、地区以及区域性组织的原创专利申请量分布情况。排名前五的依次为中国、日本、美国、欧洲、韩国（见图1-9），其中，中国、日本以及美国在该领域的申请量遥遥领先于其他国家、地区以及区域性组织的原创专利申请量，且中国以总申请量40%左右的份额遥遥领先于其他国家和地区，其总量大约是第二名日本的1.8倍。

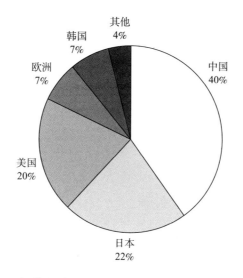

图 1 - 9 新能源产业全球专利申请原创国家/地区分布

资料来源：国家知识产权局规划发展司，《新能源产业专利技术动向分析报告（上）》，2016 年 2 月 25 日。

4. 中国是全球低碳技术的重点市场，吸引了大量竞争者提前在华布局

图 1 - 10 中，折线上的数字点代表各国原创申请量占本国总申请量的比重，该百分比越大，表明该国原创专利申请量越多，属于技术来源国；反之，该百分比越小，则表明该国总体布局申请量较大，属于重点市场。

中国虽然原创申请量最大，但其占总申请量的比重相比其他国家，仅处于居中水平。这反映出中国的低碳技术有一定的量上的优势，但不能完全算是低碳技术的原创技术来源国，仅能按照具体分领域的技术实力对比对其技术实力进行进一步分析。中国、日本、美国、韩国、德国的原创申请量排在全世界申请量的前五位，而这些国家的原创申请量所占比重却排在国家/区域中的末尾，这种现象表明，这类国家是新能源产业技术的重要市场，且发展速度较快，因此吸引了大量的竞争者通过提前布局专利来抢

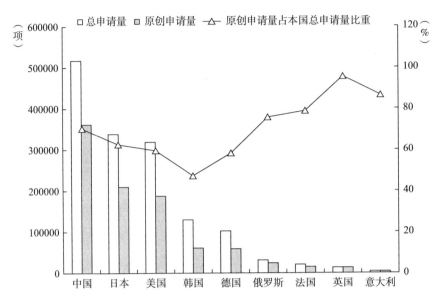

图 1－10　新能源产业主要原创国家/地区全球专利申请产出占比

资料来源：国家知识产权局规划发展司，《新能源产业专利技术动向分析报告（上）》，2016 年 2 月 25 日。

占市场。2014 年，全球在低碳以及应对气候变化方面的投资达 3910 亿美元，其中，对中国的投资占 22%。[①]

（二）分领域技术竞争力分析的研究方法说明

1. 研究说明

通过文献分析和专家调研问卷，我们甄别出影响低碳技术国际竞争力的关键要素，具体而言包括出口竞争力、成本竞争力、对外专利布局情况、创新竞争力、产业价值链中所处的位置、核心技术对外依存度、当地融资能力、产品质量。其中，中国低碳

---

① 数据来自气候组织主办的 2016 全球清洁技术峰会，http://www.cleantech－summit.org/2016－% E5%85% A8% E7%90%83% E6% B8%85% E6% B4%81% E6% 8A%80 E6% 9C% AF% E5% B3% B0% E4% BC% 9A. html#reserve。

技术的对外专利布局情况被认为是最能直观衡量中国低碳技术国际竞争力的指标。尽管判断中国低碳技术的国际竞争力最终仍有赖于上述各项指标的综合判断结果，但本阶段的研究仍重点选择了对外专利布局这一关键要素，试图尽可能地通过一手资料为今后全面综合研究中国低碳技术的国际竞争力探索可行的研究方法，并提供基础性的数据。

此外，我们通过参与相关的低碳技术研讨会与相关专家进行交流，并进行了试验性的专利检索，本着甄别相对更具代表性的中国低碳技术且保证有相对完整的专利数据支撑这些技术的专利分析为目标，选择了核电技术、风电技术、太阳能光伏发电技术、新能源汽车技术四项低碳技术作为对中国低碳技术对外专利布局分析的对象。

2. 数据来源

本书数据主要来源于"Espacenet Patent Search"检索系统（以下简称"Espacenet 检索系统"），该系统是欧洲专利局（EPO）创建的专利检索系统，收录了世界范围内 90 多个国家的约 9000 万件专利申请，提供著录项目、摘要、全文、引文、专利族和专利法律状态等信息。检索方式分为快速检索（Quick Search）、高级检索（Advanced Search）和 CPC 分类检索（Classification Search），其中，高级检索共有 10 个检索字段，包括标题（Title）、摘要（Title or Abstract）、公开号或公告号（Publication Number）、申请号（Application Number）、公开或公告日（Publication Date）、申请人（Applicants）、分类号（Classification Symbols）等。值得一提的是，该系统提供 CPC 和 IPC 两种分类号，用户可自行选择使用。这里特别强调，CPC（Cooperative Patent Classification）分类是欧洲专利局（EPO）和美国专利与商标局（USPTO）的联合专利分类项目，相比 IPC（International Patent Classification）分类，除了囊括 IPC 从 A 部至 H 部的八个部，另外新增 Y 部，其中一部分为新兴领域，如 Y02：改善气候变化的技术。目前主要是欧洲专利局和美国专利与商标局使用 CPC 对特定技术领域的专利文献进行分类。欧洲专利局的 Espacenet 检索系统刚好满足本书对低碳技术专利申请情况的研究需求。

3. 检索方法

在检索方法上，结合研究所需数据的相关情况，采用 Espacenet 检索系统中的高级检索方式，针对不同国家、不同年份、特定低碳技术，在申请号、公开或公告日和 CPC 三个检索字段中输入检索词，以得出特定低碳技术在某一国家和某一年份申请专利的情况。当年的专利申请情况以公开或公告为准。另外，对于核电技术、风电技术、太阳能光伏发电技术和新能源汽车技术的检索，主要通过 CPC 分类号体现，核电技术、风电技术和太阳能光伏发电技术均可在 CPC 分类中的 Y02E 项（Reduction of GreenHouse Gases Emission, Related to Energy Generation, Transmission or Distribution）下找到，新能源汽车技术在 Y02T 项（Climate Change Mitigation Technologies Related to Transportation）下找到。相比使用 IPC 分类，CPC 分类能够确保检索到的专利属于低碳技术领域。并且，CPC 分类方法把上述低碳技术分得十分精细全面，使用这样的检索方法，比单纯使用技术主题或关键字检索得出的结果要更精准、更全面、更符合对低碳技术研究的目的。另外，仔细研究 Y02E 和 Y02T 项下目标低碳技术的次级分类号，并没有出现"同一技术名称，不同技术内容"的情况，这样，实现了数据准确和数据完整的双保证。

4. 检索目标

本书采用以上检索策略，检索了中国、美国、法国、日本、韩国、巴西、南非七个国家 2001～2015 年十五年间公开的核电技术专利，美国、德国、巴西三个国家 2006～2015 年十年间公开的风电技术专利，美国、德国两个国家 2006～2015 年十年间公开的

太阳能光伏发电技术专利，美国、德国、巴西三个国家 2006 ～
2015 年十年间公开的新能源汽车技术专利，统计了上述国家中主
要目标申请国的专利申请情况，同时统计了各领域重要企业或研
究机构在上述国家中的专利申请情况，以期通过数据反映主要目
标国家在低碳技术方面的全球专利布局情况。此外，通过国家知
识产权局近期发布的《新能源产业专利技术分析报告》（上、下）、
《新能源汽车产业专利技术动向分析报告》作为补充材料，分析在
中国市场、中国及其他主要国家的低碳技术竞争态势。统计中国
及其他主要目标国家在同一特定国家市场特定低碳技术领域的专
利申请情况，对中国和其他主要目标国家在该特定碳技术领域进
行横向对比，从而反映各个目标国家低碳技术专利的竞争力情况，
进而判断中国低碳技术的国际竞争力情况。

第二章 核电技术

政府间气候变化专门委员会（IPCC）第五次评估报告确认，在最低碳的发电形式中，考虑直接排放和寿期循环，核电与风电的发电量相当，为12g CO_2/kWh，而水电和太阳能的发电量分别为24gCO_2/kWh 和 28g CO_2/kWh（IPCC，2014：759）。就安全性而言，该报告指出，在发达国家内非水力的可再生能源、水电和核电技术的致死率相近，均低于化石燃料发电产业链的致死率。可见，作为一种高效、清洁、安全、稳定的能源，核电在应对气候变化方面的作用巨大（佟贺丰，2013）。

如前文所述，本研究主要检索了中国、美国、法国、日本、韩国、巴西、南非七个国家2001～2015 年十五年间公布的核电技术专利申请情况。在 CPC 分类中，Y02E30 项：Energy Generation of Nuclear Origin 下包括：（1）Fusion Reactors（①Magnetic Plasma Confinement［MPC］Tokamaks, Stellarators, other Reactors with MPC, First Wall, Divertor, Blanket；②Inertial Plasma Confinement Injection Systems and Targets；③Low Temperature Fusion），以及（2）Nuclear Fission Reactors（①Boiling Water Reactors；②Pressurized Water Reactors；③Gas Cooled Reactors；④Fast Breeder Reactors；⑤Liquid Metal Reactors；⑥Pebble Bed Reactors；⑦Accelerator Driven Reactors；⑧Fuel；⑨Control of Nuclear Reactions；⑩Other Aspects Rela-

ting to Nuclear Fission），包罗了本研究所需要的核电技术，故在
CPC 检索字段下以 Y02E30 分类号为检索词，另根据需要，分别在
申请号、公开或公告日输入相应检索词，从而得到检索结果；对
检索结果进行统计分析，进一步得出统计结果。根据本研究的目
的，主要选取了欧美和亚非拉地区具有代表性和发展潜力的国家
作为考察对象，选出中国、美国、法国、日本、韩国、巴西、南
非七个国家。具体结果如下：

一 总体情况

（一）各国核电技术专利申请总量对比

就核电技术专利申请总量而言，日本最多，其次是中国，美
国相对中国略少。三个国家核电技术市场潜力都很大。

中国、美国、法国、日本、韩国、巴西、南非七国在 2001 ~
2015 年这十五年间公开的核电技术专利申请共计 12976 件；国内
总申请量最大的国家是日本，其次是中国，美国排名第三，南非
和巴西分列最后（见表 2 - 1）。

表 2 - 1 各国国内总申请量情况

国　家	国内总申请量（件）
日　本	5045
中　国	2883
美　国	2509
韩　国	1977
法　国	438
南　非	81
巴　西	43
总　量	12976

所谓的"国内总申请量",是指该国公开的相关技术在这15年内总的专利申请量,包括了其本国在内的所有国家的申请人在该国的专利申请。这里的"总量"是七国国内总申请量之和。另外需要说明的是,在 Espacenet 检索系统中,自2011年之后南非核电技术其国内的申请量为零。

根据数据统计情况可知,一个国家国内总申请量是由本国和其他国家的申请量构成的,其中本国的申请量占大头,国内总申请量较大的国家往往其本国的申请量也很大,这从一定程度上反映了该国在特定低碳技术专利上的竞争力。类似地,如果一国国内总申请量大,其中,其他国家在该国的申请量也较多,这说明其他国家争相在该国进行专利布局、扩大申请量,从一定程度上说明该国在特定低碳技术市场的潜力较大。

总体来说,日、美、韩三国在过去十五年间的国内总申请量较大,核电技术专利竞争力较强,市场潜力也较大。中国早年核电技术专利申请量较小,近几年在政策的带动下申请量节节攀升,年申请量赶超日、美、韩三国,核电技术发展较快,市场潜力很大,并且由于近几年才快速发展起来,预测市场潜力仍有待挖掘,核电技术专利竞争力仍将继续提高。

对中国的国内申请情况进行的数据统计显示,中国国内核电技术2001~2007年七年间的专利申请量总和未超过100件,2008年,申请量一跃达到70多件,2009年出现短暂回落,申请量降为50多件,2010年申请量上升为130多件,其后四年申请量较大且逐年上升,直至2014年达到470多件,2015年稍稍回冷降为390多件,而同时期的其他国家在中国的申请量并没有出现激增,基本维持在一个相对稳定的水平。中国国内总申请量位居第二,主要是由于最近这五年中国本国的申请量的激增。以上所列关于中国在本国的申请数据,下文将细加列明和解释。

（二）各国核电技术专利申请量变化趋势

中国、美国、韩国、法国核电技术专利竞争力逐年增强，日本核电技术专利实力较平稳；中国在早年（2001～2009 年）与日本、美国等发达国家核电技术实力差距较大，近些年实现了赶超。除日本、巴西、南非之外，各国国内申请量基本呈逐年上升趋势（见图 2－1）。

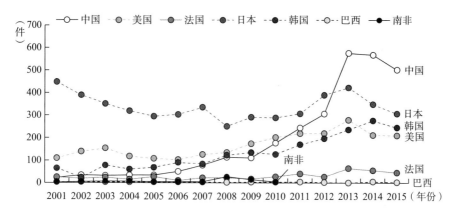

图 2－1　各国国内申请量年度变化

这里的"国内申请量"，是指当年该国国内的申请量，与上文国内总申请量（该国 15 年内总的专利申请量）区分。

各国基本上都有一个特点，即早年申请量较小，之后呈逐年激增上升的趋势。比较典型的如美国、韩国，在这十五年间申请量虽然偶有回落，但总体呈上升趋势。2001～2009 年中国国内申请量呈缓慢增长的趋势，进入 2010 年申请量出现激增，增长率远高于从前（2014 年、2015 年稍有回落），这主要因为中国在本国的申请量近年来开始激增。

巴西和南非的国内申请量并没有呈现典型的上升趋势，基本维持在较小量的平稳水平。日本的国内申请量情况比较特殊，在早年申请量就达到甚至超过近年来申请量较大国家的水平，其后的年份或降低或上升，每年基本维持在 300 件专利申请上下的水平。进一步统计各国在日本国内申请量情况发现，日本在其本国的专利申请量占绝对优势，贡献了其国内申请量的大部分。这说明，在早期，其他国家都还没有注意和重视起核电技术专利问题的时候，日本就已经开始谋划和实施了该领域的专利布局。举例来说，2001 年中国国内申请量为 23 件，其中一大半是由美、日、韩等发达国家申请的，中国本国申请量只有 4 件，而日本在 2001 年国内总申请量为 448 件，其中本国申请量为 369 件。可以看出，日本对核电技术重要性、核电技术市场重要性的先知先觉；而日本核电技术及其市场的实力也证明，专利先行，抢先推动本国专利申请对保证本国对自己市场的绝对控制和挤压竞争对手，起到了至关重要的作用。

（三）各核电技术来源国在全球主要市场的布局情况

在核电技术专利全球布局方面，日本布局最多，其次是美国，中国核电技术专利布局不均衡。虽然本国申请量较大，但在海外专利布局上，中国与发达国家差距较大。中国应加强海外核电技术专利布局。

总体来看，各国在本国申请量最大；美国、日本、法国、韩国在其他国家的申请量均大于（或等于）中国在这些国家的申请量；中国在本国的申请量最大，在其他国家的申请量均较小，且在其他国家申请量与在其本国申请量差距悬殊（见表 2-2）

表 2-2　主要国家在各国申请情况

单位：件

	在华申请	在美申请	在法申请	在日申请	在韩申请	在巴西申请	在南非申请
美国	265	1363	19	504	274	18	15
日本	106	430	20	4033	67	1	6

续表

	在华申请	在美申请	在法申请	在日申请	在韩申请	在巴西申请	在南非申请
韩国	83	157	45	45	1381	0	1
法国	160	225	343	165	125	8	39
中国	2116	19	2	4	5	0	0

　　各国中，在本国和其他六国的申请量之和，简称"国家申请量"，国家申请量最大的是日本，其次是美国，中国位居第三（见图 2 - 2）。

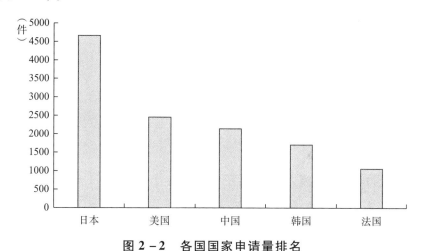

图 2 - 2　各国国家申请量排名

注：这里的"国家申请量"，是指一国在这十五年间在本国和其他六国的申请量之和。

　　各国的国家申请量排名反映了各国在核电技术领域整体的专利实力。通过图 2 - 2 和表 2 - 3 可以看出，国家申请量排名位居榜首的是日本，其后依次是美国、中国、韩国、法国。然而，当我们去掉其在本国的申请量，只剩该国在其他六国申请量之和的时候，却更能反映一个国家在核电技术领域的专利实力。

　　如表 2 - 3 所示，通过对比国家申请量和在其他六国申请量之和可以看出，中国在其他六国申请量之和最小。美国在其他六国的申请量之和是最大的，其次是法国，再次是日本，韩国位居第四，中国在其他六国的申请量最小，并且，在其他国家都是上百件申请量的情况下，中国仅有 30 件的申请量，可见中国核电技术专利的国外申请力度有待加强，这也从一个侧面说明了中国整体核电技术专利实力不强，与发达国家差距较大的事实。

表 2 - 3　各国国家申请量和在其他六国申请量之和情况

单位：件

国　家	在其他六国申请量之和	国家申请量
美　国	1095	2458
法　国	722	1065
日　本	630	4663
韩　国	331	1712
中　国	30	2146

（四）各核电技术来源国在全球主要市场的 PCT 申请情况

各国国家 PCT 的专利申请情况反映出中国的核电技术与美、法、英等国仍存在差距，从另一个侧面反映出中国核电技术缺乏专利布局的情况。

各国在本国和其他六国通过 PCT 申请的专利数量之和，简称"国家 PCT 申请量"，国家 PCT 申请量最大的是美国，其次是法国，日本位居第三位，中国垫底（见图 2 - 3）。

PCT 是 Patent Cooperation Treaty（专利合作条约）的简称，概而言之，PCT 实现了申请人根据该条约提交一份专利申请，即可同时在该条约所有成员国中要求对其发明进行保护。该条约于 1970 年在美国华盛顿签订，1978 年生效，截至 2014 年 9 月 1 日成员国达 148 个，中国于 1993 年 10 月加入，1994 年 1 月该条约正式对中

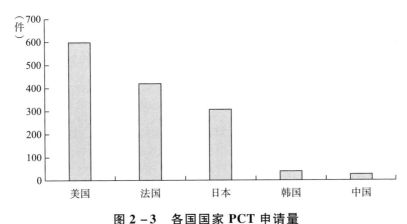

图 2 – 3 各国国家 PCT 申请量

注：这里的"国家 PCT 申请量"，是指一国在这十五年间，在本国和其他六国通过 PCT 途径申请的专利申请量之和。

国生效。PCT 的主要目标是建立国际申请体系，PCT 成员国组成联盟，对保护发明的专利申请的提出、检索和审查进行合作，但授予专利权的权力和任务仍保留在各指定局，也即通过 PCT 的申请所指向的国家。通过这样的方式，申请人可以实现"一份申请，多国授权"，也就是说，不必花费多余的人力财力在多个目标国分别提出申请，历经多重检索、公布和初步审查。申请人只需根据 PCT 向国际局提交一份国际申请，经过国际检索、公布和初步审查，基本就可以进入国家阶段了。这大大简化和规范了申请人向外国申请专利的手续，免去一部分烦琐流程，从客观上也有利于技术传播。

当然，是否通过 PCT 申请，要看申请人的自主意愿，并不是所有申请都必须通过 PCT 进行申请的。申请人必然要考虑"一个发明中的技术有多大价值？是否是核心技术？想不想在多个国家获得授权？获得授权后对该国市场有什么样的意义？"等因素。通常来讲，一个发明的核心技术价值越高，对该技术所属领域的市场就越有意义，申请人就越倾向于通过 PCT 进行申请。由于 PCT 申请可以指定成员国中的多个国家，通过一个国家对外的 PCT 申请量可以在一定程度上看出该国对外专利布局，这对于该国的专利战略布局具有重要意义。为此，本研究在统计了各国国内一般申请情况后，从技术上进行了二次筛选和统计，比较了各国的 PCT 申请量。

通过图 2-3 可以看出，国家 PCT 申请量排名中美国、法国、日本分列前三甲，并且申请量均超 300 件，韩国和中国的国家 PCT 申请量较小，均不超 50 件。中国只有 20 多件 PCT 申请，与美、法、日三国的申请量差距较大。

（五）主要申请人（企业/研究机构）核电技术专利申请情况

中国企业核电技术实力较强，但海外专利布局相比发达国家企业较弱，中国应加强海外专利申请，加快在目标国的专利布局，提高中国企业核电技术的国际竞争力。

各主要企业或研究机构中，在七国中申请量最大的是中国中核集团公司（China National Nuclear Corporation），其次是中国广核集团有限公司（China General Nuclear Power Group），再次是美国西屋电气公司（Westinghouse Electric Corporation）（见图 2-4）。

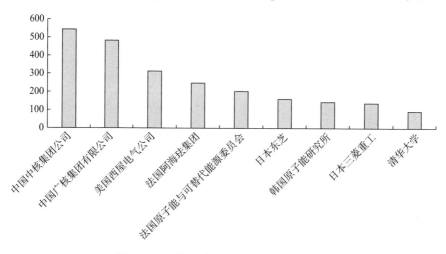

图 2-4 主要企业/研究机构申请量

一个国家是否拥有某一领域的核心技术，是否在该领域是专利强国，常常取决于该国是否拥有实力强胜的企业或研究机构。在核电技术领域，我们熟知的世界闻名的企业有法国阿海珐集团（Areva NP），美国西屋电气公司（Westinghouse Electric Corp），日本的东芝（Toshiba KK）和三菱重工（Mitsubishi Heavy Industries, Ltd）。这些企业历史悠久、实力不俗，无论是在专利拥有量和申请量上，还是在世界核电市场的占有率上，都有举足轻重的地位，早已成为行业标杆。通过我们对行业专家的调研以及搜集最新的文献资料来看，除去上述有名的企业，我们又甄别出各国具有代表性的企业或者研究机构，综合起来构成本研究的检索对象。它们是：中国中核集团公司、中国广核集团有限公司、清华大学、美国西屋电气公司、法国阿海珐集团、法国原子能与可替代能源委员会、日本东芝、日本三菱重工、韩国原子能研究所。

通过图2-4可以看出，中国中核集团公司、中国广核集团有限公司位居前二，美国西屋电气公司、法国阿海珐集团紧随其后，接着是法国原子能与可替代能源委员会、日本东芝、韩国原子能研究所，日本三菱重工和清华大学位列最后两名。

这里需要指出的是，由于中国中核集团公司和中国广核集团有限公司在本国的申请量较大，分别为540件和480件，从而使得其在这七国中总申请量较大，分别为543件和483件，若不考虑这两个企业在其本国的申请量，则这两个企业在其他六国的申请量与其他企业相比，可以说是微乎其微。这表明，中国核电技术领导企业与美、法、日等发达国家的代表性企业在国外的专利实力上差距悬殊。

在中国鼓励核电技术"走出去"政策的激励和新兴国家（如南非、巴西、阿根廷）意欲发展核电的大好环境下，中国企业在加强本国技术研发和专利申请的同时，应加快在目标国的专利布局，防范发达国家在先专利造成的专利壁垒，并逐步赶超发达国家的代表性企业。

对于企业/研究机构申请量的数据需要说明一点的是，由于日、韩两国检索得到的原始数据中申请人部分空缺较多，笔者花费较大精力补齐了申请人国籍，对具体申请人再无多余精力一一对应找到，考虑到统计数据的精确性，故暂且搁置两国内对各企业/研究机构申请情况的统计，留待以后完善。另外，由于巴西、南非两国内申请量较小，相比其他国家基本可以忽略，故没有统计这两个国家中各企业/研究机构申请情况。中、美、法国内申请量相对来说较大，各主要企业/研究机构在上述三国都有大量申请，综合这三国国内申请情况的统计数据得出各主要企业/研究机构的申请情况，可以比较真实地反映出它们的专利实力和专利布局。

在概述了核电技术专利申请的总体情况后，下文选取美国、法国、日本、中国等代表性国家进行核电技术专利申请情况分析说明。

二　核电技术专利在美申请情况

美国核电技术专利申请情况包含了两方面内容：一方面是对美国国内申请情况统计数据的分析说明，主要包括了国内总申请量、主要国家在美申请量年度变化情况的统计分析；另一方面是对美国在本国及其他国家在美国的申请情况统计数据的综合分析说明，包括主要国家在美申请总量及 PCT 申请总量情况、主要国家的主要企业/研究机构在美申请情况。前者有利于得出以美国国内市场为基础，包括美国本国在内的各主要国家的核电技术专利实力对比，也可以窥出美国核电市场的情况；后者将重点放在美国在核电技术领域的专利实力和专利布局上，这一部分在前文

"总体情况"中也有一定的反映。

（一）美国国内总申请量和主要国家在美申请量年度变化情况

截止到 2015 年 12 月 31 日，美国国内总申请量（即 2001～2015 年十五年间国内申请量的总和）为 2509 件，国内申请量年度变化情况为：2001～2003 年申请量逐渐增加，自 2004 年起申请量连续三年下降，之后开始稳步上升，至 2013 年达到峰值，2014 年下降明显，2015 年基本保持稳定。总体而言，美国国内核电技术专利申请基本呈现逐年上升趋势，近年申请量趋于稳定（见图 2－5）。

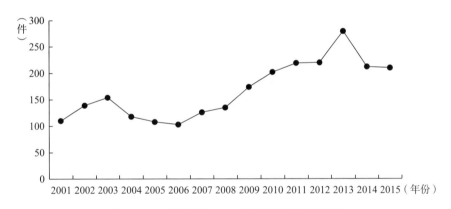

图 2－5 美国国内申请量年度变化情况

2001～2015 年，美、法、日、韩在美的申请量在不同年份中都有起伏，总体来看还是呈现出上升的趋势。首先，美国每一年的申请量都高于其他国家；其次，日本在多数年份中的申请量均高于法、韩、中三国的申请量；再次，法国在多数年份里申请量高于韩国。最后，中国的申请量在十五年中有 7 年都为零，其他年份从 1 件到 4 件不等，近五年内呈现较稳定的上升态势，虽然每年基本只以 1 件的申请量持续递增，但保持了良好的增长态势，今后中国核电技术在美申请情况值得持续关注（见图 2－6）。

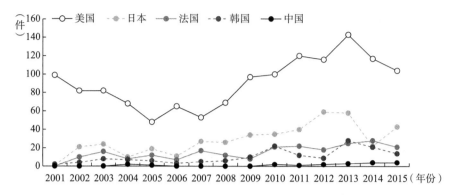

图 2-6　各国在美申请量年度变化情况

值得指出的是，虽然最近六年内中国在美申请量均突破零，且基本呈缓慢上升趋势，但与美、法、日、韩，尤其与美、日两国的差距甚大。

核电在美国能源中的地位举足轻重。美国核电发电量排名全球第一位，2013 年的发电量达到了 7890 亿千瓦时，约占全球总量的 1/3；20 世纪 70 ~ 90 年代是美国核电的快速发展期，1990 年以后，其核电占总发电量的比例维持在 18% ~ 21%，占一次能源消费总量的比例维持在 7% ~ 9%。[①] 作为一个资源消耗大国，核电本身所具备的清洁、高能等特点之于美国，具有十分重要的意义。核电在美国能源市场中需求量大，美国核电市场还有广阔的可拓展空间。对于这样一个能够比较充分地运用核能的成熟能源市场，主要发达国家的行动已经十分清晰明了，每年的核电技术专利申请量远大于中国。

中国与主要发达国家的差距大是由多方面原因造成的。中国是核电发展起步较晚的国家，早期核电技术主要靠技术转移获得，缺乏自主研发过程。技术瓶颈成了中国核电"走出去"的最大壁

①　见《美国核电：你应该知道的事》，载 http://news. bjx. com. cn/html/20150316/598275. shtml，最后访问时间：2016 年 7 月 1 日。

垒。近年来，中国核电"走出去"已经成为从国家到企业层面的一个共识。中国领导人在出访中多次将核电"走出去"作为双边交往的一个重要议题，特别是李克强总理在出访时多次推介中国的核电技术（刘洪强，2014）。中国要实现"走出去"战略，必须拥有自主知识产权品牌。意识到自主研发核电技术的重要性，中国开始大力鼓励核电技术自主研发和专利申请。近几年中国核电技术专利申请实现井喷式发展，这说明国内已掀起核电技术自主研发热潮。伴随着中国核电技术的发展进步，中国核电领域海外市场也在不断拓展。2014 年习近平主席欧洲之行的一个重要成果就是促成核能领域的国际合作，在他的见证下，中国广核集团有限公司与法国电力公司在巴黎签署了关于英国新建核电项目合作协议。根据协议，中国广核集团有限公司将通过参股方式参与法国电力公司在英国新建核电项目的开发建设，双方将共同推动在英国的后续核电项目（刘洪强，2014）。可以预计，在国内核电专利申请政策的鼓励和中国核电龙头企业不断争占海外市场的激励下，中国在外核电技术专利申请应该会实现节节攀高的良好局面，从而不断提高中国核电技术竞争力，进而为中国核电"走出去"打好前阵、实现促进作用。

（二）各国在美申请总量排名及占比情况

截止到 2015 年 12 月 31 日，美国在本国申请总量远高于其他国家，具有绝对优势；日本、法国、韩国继后，中国在美的申请总量最小（见图 2-7）。

以中、美、法、日、韩五国各自在美国的国家申请总量为分子，以美国国内总申请量（2509 件）为分母，计算得出各国在美申请量占比情况（见图 2-8）。美国占 54%，占领美国国内核电技术专利申请的半壁江山，雄踞核电技术专利申请之首；其次是日本，占 17%；接下来是法国、韩国，各占 9%、6%；占比最小为中国，为 1%（图 2-8 中数据为四舍五入所得）。除去上述五国，其他国家在美申请量占比约为 13%。

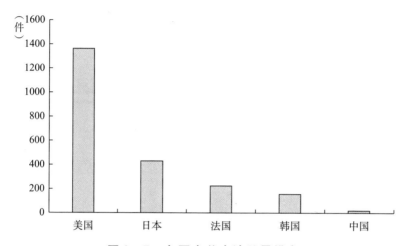

图 2-7　各国在美申请总量排名

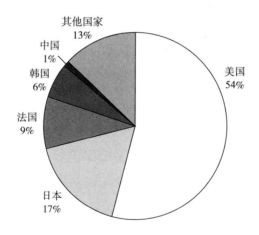

图 2-8　各国在美申请总量占比情况

　　图 2-8 更加直观地反映出各主要国家在过去十五年间在美申请量的占比情况。美国本国的申请量在在美申请总量中的占比超过一半，除此之外，日本以 17% 的申请量占比位居外国在美申请

总量占比的第一位，可见日本在美国市场的核电技术竞争力之强，法国和韩国在美的核电技术竞争力也不容小觑，而中国在美的核电技术竞争力较弱。

（三）各国在美 PCT 申请情况

截止到 2015 年 12 月 31 日，统计数据显示，这十五年间日本在美 PCT 申请量最大，达到 170 件，法国紧随其后，在美 PCT 申请量为 159 件，美国位居第三，为 83 件，中国和韩国分列最后两名，分别为 14 件和 13 件（见图 2 - 9）。

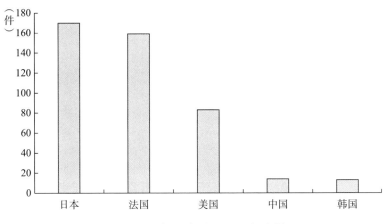

图 2 - 9　各国在美 PCT 申请量

根据前文对 PCT 申请概念的说明和 PCT 申请意义的论述，日本和法国在美的 PCT 申请量较大的现象不仅展现了日本和法国核电技术专利实力，也从一定程度上看出两国在美的专利布局。值得一提的是，中国为数不多的专利申请中，绝大多数都是通过 PCT 申请的，这一方面体现出中国对核电技术专利申请的重视以及中国核电技术自主创新已经具备相当实力，另一方面也表明中国已有意对核电技术专利在海外进行布局。

（四）主要企业/研究机构在美申请情况

截止到 2015 年 12 月 31 日，统计数据显示，美国西屋电气和美国通用电气在美申请量排名分占前两名，随后是日本东芝和日本三菱重工，法国阿海珐位居第五，接着是韩国原子能研究所。中国企业/研究机构在美申请量都不大，排名占据最末几位（见图 2-10）。

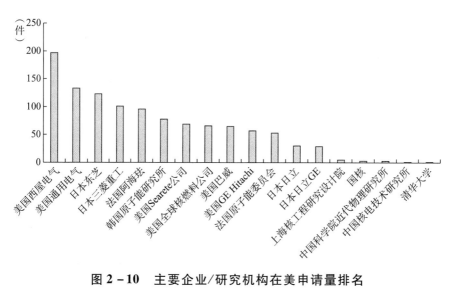

图 2-10　主要企业/研究机构在美申请量排名

这进一步印证了前文所述及的关于企业/研究机构对一国专利竞争力影响的判断，即一个拥有某一领域核心技术、成为专利强国的国家，必然拥有若干实力强劲、影响力大的企业或者研究机构。美国西屋电气和美国通用电气、日本东芝和日本三菱重工、法国阿海珐能够排在申请量排名前列，刚好解释了上文主要国家在美申请总量排名中美国、日本和法国分列前三甲的统计结果。中国应大力扶持核电技术领域实力本来较强的企业和研究机构，鼓励它们专利先行，大胆"走出去"，为抢占海外市场做出应有贡献。

三 核电技术专利在法申请情况

（一）法国国内总申请量和主要国家在法申请量年度变化情况

截止到 2015 年 12 月 31 日，法国国内总申请量（即 2001～2015 年十五年间国内申请量的总和）为 438 件，国内申请量年度变化情况为：国内申请量最大的年份为 2013 年，申请量为 64 件，国内申请量最小的年份为 2006 年，申请量为 10 件。从整体时间上看，国内申请量在相邻年份有升有降，连续上升或连续下降的年份不多，申请量波动规律性较强。总体而言，法国国内核电技术专利申请基本呈现上升势头，预计在近两年下降后又将会重新上升（见图 2－11）。

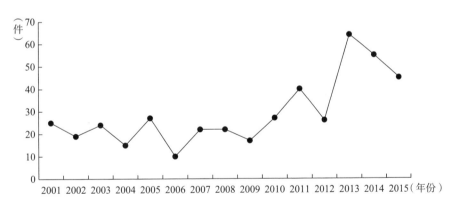

图 2－11 法国国内申请量年度变化

2001～2015 年，美、日、韩、中每年在法申请量均较小，法国在本国每年的申请量甚至远远高于其他四国申请数量之和。美国和日本申请情况大致类似，每年申请数量在 0～4 件浮动；韩国在 2013 年、2014 年两年申请量突增，实现了个位数的突破，在 2015 年再次回落到个位数。相比在美国的申请情况，中国在法申请情况不容乐观，十五年中有十三年都没有任何申请，另外两年分别各有一件申请（见图 2 - 12）。

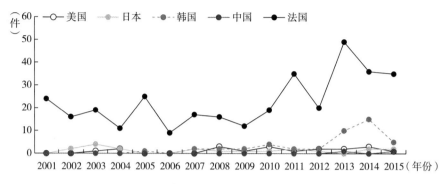

图 2 - 12　主要国家在法申请量年度变化

法国是核电大国，相比在其他国家的申请量，美、日等发达国家在法的申请量极少，这一现象背后的原因值得进一步思考。同时，在本国的申请再一次体现了法国较强的核电技术实力。中国应加强在法国核电技术专利申请，加强专利布局。

（二）各国在法申请总量排名及占比情况

截止到 2015 年 12 月 31 日，法国在其本国申请总量占有绝对优势，远高于其他国家（见图 2 - 13）。

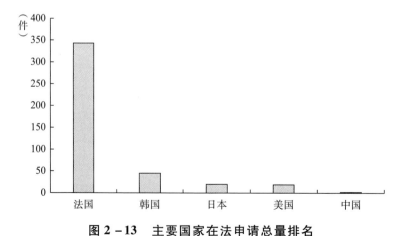

图 2 - 13　主要国家在法申请总量排名

以中、美、法、日、韩五国各自在美国的国家申请总量为分子，以法国国内总申请量（438 件）为分母，计算得出各国在法申请量占比情况（见图 2 − 14）。

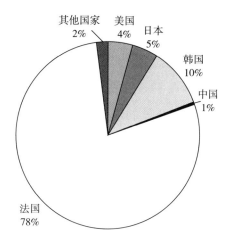

图 2 − 14　各国在美申请总量占比情况

（三）各国在法 PCT 申请情况

截止到 2015 年 12 月 31 日，统计结果显示，只有中国有一件 PCT 申请，其他国家（包括法国）PCT 申请量为零（见图 2 − 15）。

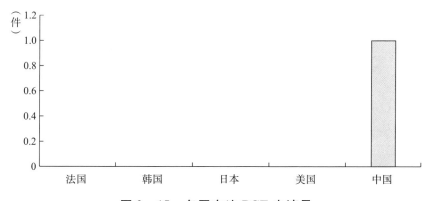

图 2 − 15　各国在法 PCT 申请量

在统计的国家中只有中国有一件 PCT 申请，由于总申请量和 PCT 申请量都太少，所以并不能说明中国专利竞争力比其他国家强或中国相比其他国家在法有专利布局。中国应加强通过 PCT 专利申请进行全球专利布局。

（四）主要企业/研究机构在法申请情况

截止到 2015 年 12 月 31 日，统计数据显示，法国原子能与可替代能源委员会以超过 100 件的申请雄踞首位，接下来是法国的两家大企业阿海珐和法马通。韩国原子能研究所排第四位，美国西屋电气、日立通用、日本东芝这些核电大企业成绩平平。中国较大核电企业中，只有中国核电技术研究院有少量申请，与发达国家企业相比差距较大（见图 2 - 16）。

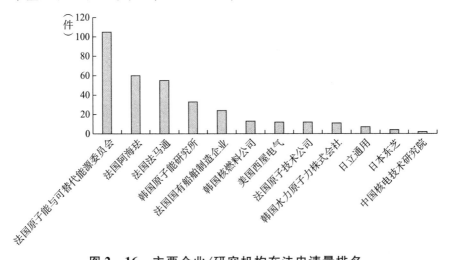

图 2 - 16 主要企业/研究机构在法申请量排名

四 核电技术专利在日本申请情况

（一）日本国内总申请量和各国在法申请量年度变化情况

截止到 2015 年 12 月 31 日，日本国内总申请量为 5054 件，国内申请量在这十五年间有升有降，最小值为 2008 年的 251 件，最大值为 2001 年的 448 件；最近五年基本保持在每年 300 件以上的申请量（见图 2 - 17）。

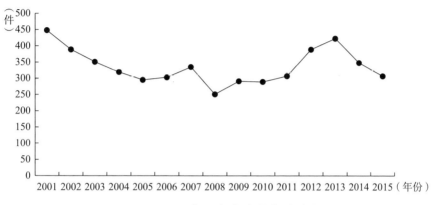

图 2 - 17　日本国内申请量年度变化

　　2001 ~ 2015 年，日本本国申请量与其国内申请量年度变化趋势极其相似，最小值是 2008 年的 191 件，最大值是 2001 年的 369 件，其他年份有升有降，波动明显；2001 年和 2002 年美国在日申请量基本保持平稳，从 2003 年起连续五年呈现一年升高、下年下降的态势，2007 ~ 2015 年呈现连续两年升高、接着连续两年下降的态势，总体来说近几年的申请量相比早年有较大增长；法国在日申请量总体呈上升趋势；韩国在日申请量小，波动频繁；中国在日本只有 2013 年和 2015 年各有 2 件的申请，其他年份申请量为零（见图 2 - 18）。

　　从图 2 - 18 可以看出日本在其本国的申请量远远超出了其他国家的申请量。

（二）各国在日申请总量排名及占比情况

　　截止到 2015 年 12 月 31 日，日本在本国申请总量占据绝对优势，远高于其他国家，其次是美国、法国，韩国和中国在日申请量与日本相比几乎可以忽略不计（见图 2 - 19 和图 2 - 20）。

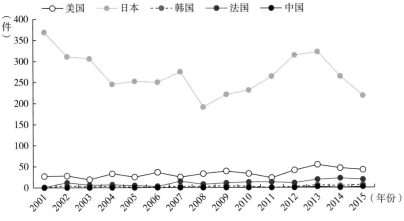

图2-18　主要国家在日申请量年度变化

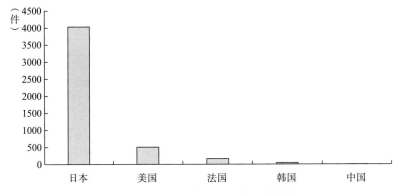

图2-19　各国在日申请总量排名

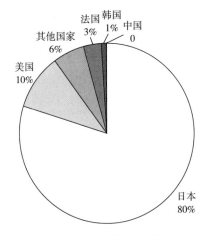

图2-20　主要国家在日申请总量占比情况

（三）各国在日 PCT 申请情况

截止到 2015 年 12 月 31 日，美国在日本的 PCT 申请量最大，法国紧随其后，日本名列第三位。韩国、中国的 PCT 申请量较小（见图 2 – 21）。

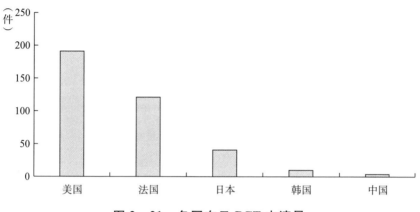

图 2 – 21　各国在日 PCT 申请量

由于未统计各主要企业/研究机构在日申请情况，故各主要企业/研究机构在日申请情况不作分析。

五　核电技术专利在华申请情况

（一）中国国内总申请量和各国在华申请量年度变化情况

截止到 2015 年 12 月 31 日，中国国内总申请量达 2883 件，国内申请量年度变化情况为：2001 ~ 2009 年呈缓慢增长的趋势，9 年间从 20 多件增长到 110 多件，从 2009 年起申请量激增，2009 ~ 2012 年，平均年增长率为 40%，2013 年相对于 2012 年增长率为 88%，达到历史最高值，之后两年申请量缓慢下降（见图 2 – 22）。

2001 ~ 2015 年，美国、法国、日本、韩国在中国申请量总体呈增长态势；中国在本国由早年个位数的申请量在最近五年快速增长至 400 多件，基本趋势与中国国内申请量年度变化情况一致（见图 2 - 23）。

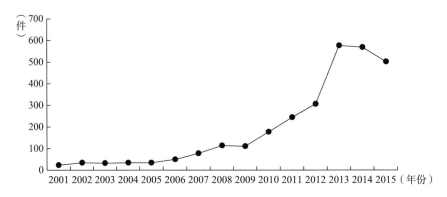

图 2 - 22　中国国内申请量年度变化情况

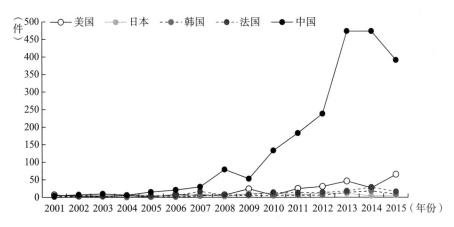

图 2 - 23　各国在华申请量年度变化情况

通过图 2 - 22 和图 2 - 23 可以看出，由于中国在本国申请量变化巨大，因此影响到中国国内申请量变化情况。中国申请量在最近三年中每年的申请量都赶超发达国家在华的申请量（例如，日本在本国申请量最大值为 369 件），但"量大"并不意味着"质优"，其中的专利申请有多少是核电核心技术，有多少最终获得授权，仍值得深入研究。

（二）各国在华申请总量排名及占比情况

截止到 2015 年 12 月 31 日，中国在本国的申请总量占据绝对优势，申请量远高于其他国家，所占比重也较大；其次是美国、法国，日本、韩国位居最末（见图 2 - 24 和图 2 - 25）。

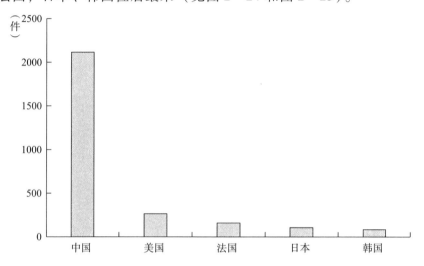

图 2 - 24　各国在华申请量排名

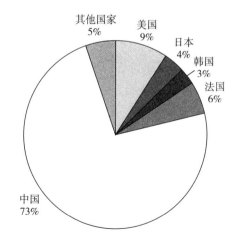

图 2 - 25　各国在华申请总量占比情况

但是，值得注意的是，2001～2009 年，中国在本国的申请量所占比重仅有44%，连一半都不到。而同期，发达国家在华申请量较大（见图2-26）。

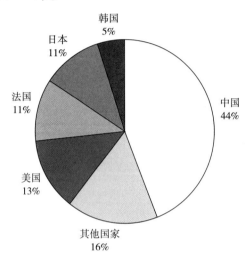

图2-26 2001~2009年各国在华申请量占比情况

（三）各国在华PCT申请情况

截止到2015年12月31日，美国在华PCT申请量最大，其次是法国，日本排在第三位，中国PCT申请量最小，只有2件（见图2-27）。

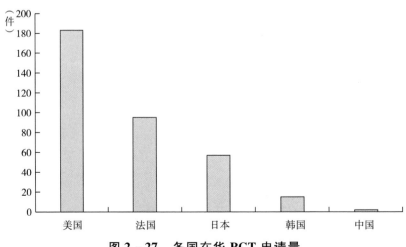

图2-27 各国在华PCT申请量

（四）主要企业/研究机构在华申请情况

由于中国在最近几年申请量增长迅猛，因此本研究适时调整了用于统计分析的核电技术的目标企业/研究机构。截止到2015年12月31日，中国核电工程有限公司、中广核集团、中国核动力设计研究院、上海核工程设计研究院和清华大学包揽了国内申请量的前五名，美国西屋电气、法国阿海珐、美国百威公司是外企在华申请中排名相对靠前的企业，日本东芝和日本三菱重工、韩国电动车原子能研究所申请量相对较少（见图2-28）。

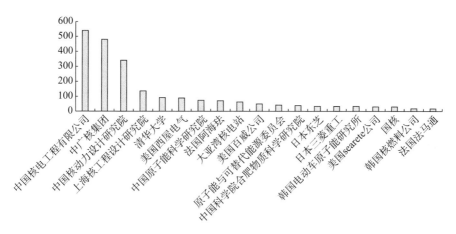

图 2-28　主要企业/研究机构在华申请量排名

（五）中国国内申请中发明、实用新型申请比重和各国申请中发明、实用新型申请情况

中国专利分为发明专利、实用新型专利和外观设计专利，由于核电技术的特殊性，基本上只能申请发明和实用新型两种专利形式。2001～2015年，中国国内的核电技术专利申请中发明申请占了72%，实用新型申请占了28%（见图2-29）。具体到主要国家，除了美国只有一件实用新型专利申请，法、日、韩的实用新型专利申请量为零。中国国内的实用新型专利基本全部是由本国申请的（见图 2 - 30）。

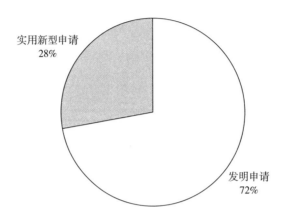

图 2 - 29 发明、实用新型申请比重

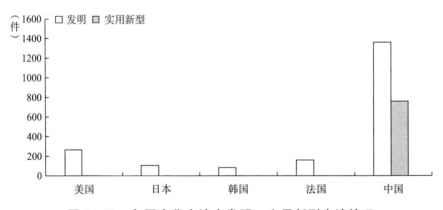

图 2 - 30 各国在华申请中发明、实用新型申请情况

中国《专利法》规定，发明专利的保护期是 20 年，实用新型的保护期为 10 年。发明对创造性的要求更高，因而保护期更长，价值也更高。然而，中国国内的实用新型申请基本都是由中国企业、研究机构或个人等申请的，并且占比相对较高。更高的实用新型专利占比，意味着更低的创新价值和产出。中国企业、研究机构或个人在提高专利意识的同时，也要做出更多更有价值的发

明创造，应该为企业和国家从长计议，而不是因政策驱动为眼前利益作出繁复的低价值创造。

六 核电技术专利在南非申请情况

在 Espacenet 检索系统中，核电技术专利在南非申请只检索到 2001～2010 年十年的情况，2010 年之后的申请量为零。故这里分析的是 2001～2010 年核电技术专利在南非的申请情况。

（一）南非国内申请情况

截止到 2015 年 12 月 31 日，南非国内总申请量为 81 件，国内申请量年度变化情况为：2001～2007 年基本保持平稳状态，2008 年申请量激增，是前七年年平均申请量的五倍，2009 年、2010 年连续下降且下降明显，2010 年的申请量又回到前七年的平均水平（见图 2－31）。

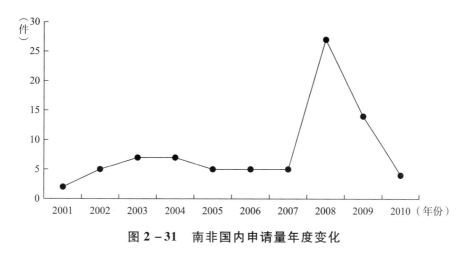

图 2－31 南非国内申请量年度变化

截止到 2015 年 12 月 31 日，法国在南非申请量最大，其次是德国，再次是美国，中国在南非申请量为零，发达国家申请量占了全部申请量的绝大部分（见表 2 - 4）。

表 2 - 4　各国在南非申请量情况

国　　家	数量（件）
法国	39
德国	23
美国	15
日本	6
南非	6
中国	0

（二）各国在南非 PCT 申请情况

根据统计数据，核电技术专利在南非无 PCT 申请。

（三）主要企业/研究机构在南非申请情况

截止到 2015 年 12 月 31 日，统计数据显示法国阿海珐在南非申请量最大，其次是德国法马通，再次是德国阿海珐，美国西屋电气排名第四，日本两家企业日本核燃料公司和日本三菱重工在南非申请量排名位于最末两位。没有一家中国企业在南非进行核电技术专利申请（见图 2 - 32）。

核能发电目前占南非全国电力供应约 5%。根据南非核电发展规划，南非在 2030 年前将建设 960 万千瓦核电机组，并计划于 2016 年启动核电招标。此前南非总统曾表示，南非将在中国、法国、俄罗斯、韩国和美国之间寻求核电新项目的供应商。[①]

---

① 见 http://finance.ifeng.com/a/20151207/14112773_0.shtml，最后访问时间：2016 年 7 月 9 日。

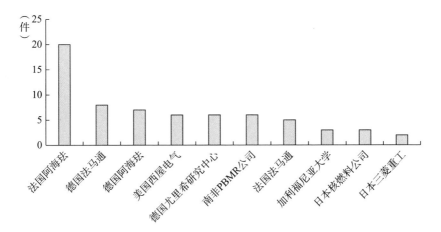

图 2-32　主要企业/研究机构在南非申请量排名

　　南非在核电领域未来发展潜力很大，世界核电大国都觊觎南非这块大蛋糕。中国在早些年缺乏核电技术完全自主知识产权，很多技术还是向发达国家学习的，选择"搭船出海"是聪明之举，即与核电技术强国的发达国家在第三方核电市场进行合作。近几年中国核电技术迅猛发展，有望从"搭船出海"变为"造船出海"。综观 2001~2010 年南非十年间的核电技术专利申请情况，可知法国、美国、日本等核电技术强国在南非早有专利布局，而中国在南非没有专利申请，中国核电企业进入南非，势必受到一定阻碍。

七　结论与对策

　　进入新世纪，世界上很多国家开展了新一轮核电建设，主要核电强国都在进行国际市场开发和技术出口的专利战略布局。中国是世界上少数几个具有完整核工业体系的国家之一。近年来，中国国内核电装机和在建规模迅速提升。2014 年中央政府工作报告首次将推动中国核电等技术装备走出国门纳入其中，这标志着中国核电技术装备对外输出已经提上日程。但是，作为核电大国，中国核电技术装备"走出去"是否已经具备了足够的竞争力？与全球主要核电国家相比，中国还存在哪些差距？如何弥补存在的差距进而提升中国核电技术和装备的国际竞争力？

通过专利申请检索分析，我们的研究得出如下几点结论。

其一，从核电技术专利的申请情况看，中国近年来在核电技术领域取得了较快的发展，市场潜力很大。从专利申请总量上看，2001～2015年的十五年间公开的中国专利申请总量反映了中国在核电技术领域逐渐壮大的技术竞争力和市场潜力。从各国专利申请的年度变化趋势看，虽然中国在早年（如2001～2009年）与日本、美国等发达国家在核电技术专利申请量上差距较大，但近些年（2009年以来）在相关政策的带动下，中国国内核电技术专利申请量逐年大幅递增，实现了对欧美等发达国家的赶超。

其二，从核电技术专利的全球布局情况看，中国核电技术在国外的申请力度有待加强。尽管中国在本国和在其他目标国家的专利申请总量并不算少，但其中，在本国的专利申请量占据了绝大部分，仅有30余项专利是在其他几个目标国家申请的。从国家PCT申请量情况看，中国与美、法、日等发达国家相比，差距悬殊。发达国家不仅重视核电技术在本国的研发和应用，也十分看重新兴国家的核电市场潜力，积极开展核电技术专利全球布局。

其三，从全球主要国别市场的核电技术专利对比情况看，国际核电巨头早已在全球设置了严密的专利布局，给中国核电技术"走出去"和竞争力提升带来了很大压力。一方面，在以美、法、日为代表的发达国家市场，中国企业已经开始有意识地开始通过PCT专利申请方式进入发达国家市场，这表明中国企业开始重视在发达国家的专利战略布局，但今后仍需克服技术创新能力、政策法律环境等方面的困难，加大专利布局力度；另一方面，从以南非为代表的发展中国家市场的专利布局情况看，法国、美国、日本等核电技术强国在南非早有专利布局，但中国尚未在南非市场布局专利，这表明中国企业缺乏在其他发展中国家提前进行专利战略布局的意识和经验。中国核电企业进入南非，势必遭受一定的技术壁垒。此外，作为世界最大的核电市场，中国核电市场云集了大量外国在华专利申请。从申请类型上看，欧美等发达国家在华专利申请以发明专利为主，几乎没有实用新型专利的申请。而中国本国大部分核电技术的专利申请为实用新型专利，而非发明专利，这表明中国核电技术虽有数量优势，却缺乏质量优势。

由此可见，中国核电技术要实现国际竞争力的提升，仍需要在如下几个方面做出努力。

第一，强化核电技术自主创新能力。"十三五"期间，中国核电发展的重要任务之一是加强科技创新、自主创新。为此，一方面，国家需要营造良性的知识产权保护环境，确保企业、研发机构和个人实现创新收益，使创新要素得到合理配置，创新资源得以有效利用，鼓励生产性服务业的不断壮大，并避免所制定的政策误导或纵容企业走重复、低价值、简单的改进和规避设计的创造之路；另一方面，企业需要增强专利意识，挖掘专利信息数据的价值，实时追踪最前沿的专利技术，有效利用专利文献检索分析结果，优化企业对未来发展的决策。为提升中国核电技术的国际竞争力，亟须努力的方向是：加强对核心自主化方案的创新性设计和研发力度，实现核电技术研发关键环节的自主化，摆脱在关键设计、验证程序和软件等方面对国外技术的依赖，提升装备制造领域关键设备和部件的自主设计和材料的自主制造能力，不断提升自主化设备产品的一次合格率，完善中国自主核电发展标准体系并支撑"走出去"标准体系建设。

第二，加强专利对比分析和侵权风险预警机制建设。其一，企业应在常规运营环节，加强相关能力建设，就相关竞争对手的专利权主张权利情况在燃料、关键设备、软件等技术领域进行动态追踪和监测。在出口之前，应加强专利审慎调查，就自身拥有的专利与目标国市场上其他国家竞争对手的专利和技术进行对比分析，排查可能引起对手就某项专利主张权利的风险；依据国际条约、双边条约和互惠条款等，并结合产品出口相关国家或地区的专利侵权判断原则以及竞争法，对相关技术和产品进入该国家或地区是否侵犯专利权及是否有被侵权的风险进行判断。其二，行业协会作为核电技术发展领域的第三方中介机构，应当建立健全全球核电行业专利分析及侵权事实动态追踪和监测机制，并结合相关的市场、政治、法律等多种因素，进行综合的风险评估与分析，为国内核电企业"走出去"提供及时的目标国市场的知识产权风险预报。其三，政府应当在促进中国核电技术"走出去"的政治法律环境建设方面发挥积极作用，依据"十三五"规划的最新修订和颁布的一系列知识产权及成果转化法律法规等内容，结合财税金融等政策、监管和执法手段、培训等多种形式，积极营造核电技术创新及应用良性法治环境，扶持企业完善"走出去"的法律风险防控体系建设，并探索设立核电技术领域的主权专利基金，解决企业走出去中的知识产权困境。

第三，加大海外市场的专利战略布局。扶持核电技术领域实力较强的企业和研究机构，鼓励其采取"专利先行"战略，学习国外竞争对手的成功经验，视情况采取防御型专利布局战略，通过考虑是否是潜在持久市场、自身是否具有技术消化吸收能力、项目谈判是否涉及技术转让要求等因素，预先评估潜在市场，建立适合自己的海外技术转让模式，确立潜在市场的专利布局战略，以实现科学布局海外专利，实现获益最大化，并规避他国核电技术竞争对手在潜在国市场的技术壁垒，助力中国核电企业在国际市场竞争中占据有利位置。具体而言，从专利布局的策略层面看，可考虑涉及研发设计、制造建造、安装调试、运行维护等环节的技术企业，构建核电产业知识产权联盟，进而形成核电全产业链"专利池"，并根据目标国家的实际情况统筹协调和实施海外专利布局。从专利布局的实操层面看，要有策略、成体系地开展知识产权成果申请/登记/注册，要以多层次、全面的知识产权保护策略，服务于商业价值最大化。提高专利申请技术交底书和专利申请文本的撰写质量，选择高质量代理机构，强化技术方案的保护层级，增强专利自身的稳定性；高度重视涉及核心自主化方案的专利申请实质审查意见的答复，加强与代理机构、审查员的互动，确保专利既授权，又维持有效的保护范围等。

第四，积极参与核电领域的国际技术合作。根据上文的分析可知，从核电主要的国际市场看，无论是欧、美、日等发达国家市场，还是拉美、非洲等发展中国家市场，世界核电强国的技术布局无论从时间上还是程度上均胜于中国。中国核电在海外拓展过程中将遇到来自如法国阿海珐、美国西屋电气、俄罗斯甚至日本、韩国等核电企业的激烈竞争。并且美、法等发达国家的三代核电堆型技术已在国际上取得广泛认可，比如美国的 AP1000 和法国的 EPR，因此"华龙一号"将面临较大国际竞争压力。另外，到目前为止，中国只有援建巴基斯坦的核电项目，[①]尚缺乏足够成功的核电技术"走出去"的经验，这意味着中国目前的两种三代核电技术都还未实现真正意义上的出口，知识产权的风险尚未暴露。中国亟须加强与世界核电强国在核电技术开发和应用领域的

---

① 中国企业参与英国欣克利角核电项目中，法方已将主要设备和建安合同分包给其他合作伙伴，中国很难介入主要技术环节。这样的"走出去"仅停留在金融资产层面，尚未实现核电技术和装备人才的"走出去"。

合作，支持企业以多种合作模式参与国际核电项目竞标，加强与世界核电强国在核电技术研发领域的深入合作和联合研发，提升中国核电技术人员的研发创新能力。积极促成与世界核电强国共同开拓第三方市场，规避知识产权、地缘政治等方面可能的障碍。鼓励采取装备、技术、标准和资本的一揽子方式进行对外合作，并加强核电产业链战略联盟的合作、人才培养领域的合作等。

第三章 风电技术

　　风力发电属于技术密集型的战略性新兴产业。根据国际可再生能源机构（IRENA）发布的《2014 年可再生能源发电成本》中报告的数据，风电已成为最具竞争力的电力来源，在没有任何财政支持的情况下，单个风电项目的发电成本为每千瓦时 0.05 美元；相比之下，化石燃料发电厂的电力价格在每千瓦时 0.045~0.14 美元。对于中国而言，风力发电具有价格稳定（不受燃料价格波动的影响），提升能源安全、缓解大气污染等功能优势。

　　对于风电技术，本研究主要检索了美国、德国、巴西三个国家 2006~2015 年十年间公布的专利申请情况。在 CPC 分类中，Y02E10/70：Wind energy 项下包括 Y02E10/721：blades or rotors；Y02E10/722：components or gearbox；Y02E10/723：control of tur-bines 等共 12 项次级分类号及其所代表的技术。根据风电技术中的核心技术和新生潜力技术，甄别出 Y02E10/721：blades or rotors；Y02E10/722：components or gearbox；Y02E10/723：control of tur-bines；Y02E10/727：offshore towers；Y02E10/728：onshore towers 五项主要技术，在 CPC 检索字段下分别以 Y02E10/721、Y02E10/722、Y02E10/723、Y02E10/727、Y02E10/728 分类号为检索词，同时根据需求，分别在申请号、公开或公告日输入相应检索词，从而得到检索结果；对检索结果进行统计分析，进一步得出统计

结果。根据研究目的，选取了欧、美、亚、非、拉等地具有代表性和发展潜力的国家作为考察重点，以中国、美国、德国、巴西四个国家的风电技术申请情况为研究对象。在 Y02E10/721、Y02E10/722、Y02E10/723、Y02E10/727、Y02E10/728CPC 分类号下开展了检索。具体结果如下。

一　总体情况

（一）各国风电技术专利申请总量对比

风电技术整体专利数量上中国最多，其次是美国、德国。中国风电市场潜力巨大。

中国、美国、德国、巴西在 2006～2015 年十年间公开的 Y02E10/721、Y02E10/722、Y02E10/723、Y02E10/727、Y02E10/728CPC 分类号的风电技术专利申请共计 21441 件；国内总申请量最大的国家是中国，其次是美国，德国位居第三（见表 3－1）。

表 3－1　各国国内总申请量情况

国　家	国内总申请量（件）
中　国	12198
美　国	6175
德　国	2634
巴　西	434
总　量	21441

相对而言，中国和美国的国内总申请量较大，巴西的申请量与中、美不在一个量级上。风电技术是低碳技术中专利申请量较大的技术之一，巴西在过去十年中仅有几百个专利申请，并且多

半都是由发达国家申请的（详见后文具体国别的分析），这表明巴
西的风电技术市场潜力较大（见图3-1）。

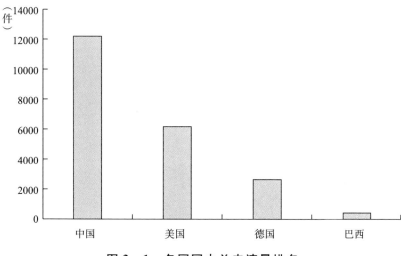

图3-1　各国国内总申请量排名

（二）各国风电技术专利申请量变化趋势

从国内申请量年度变化情况来看，中国和美国基本均呈先上
升后下降再缓慢上升的趋势，德国国内申请量在较长时间内呈先
上升后逐年下降的趋势，巴西总体呈缓慢上升趋势（见图3-2）。

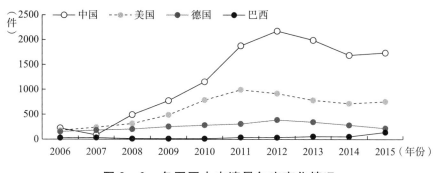

图3-2　各国国内申请量年度变化情况

（三）各风电技术来源国在全球主要市场的布局情况

从风电技术专利全球布局态势上来看，德国的风电技术全球布局最多，其次是美国，中国与上述两国还有较大差距。

各国中，国家申请量最大的是德国，其次是美国，巴西排名最后，由于可以统计中国在其他国家的申请情况，统计结果显示中国风电技术的国家申请量居于第三位（见图3-3）。

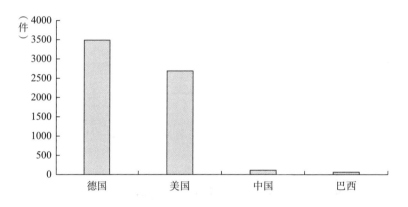

图3-3 各国国家申请量排名

注：此处的国家申请量指图上各国在本国及其他两国（不包括中国）的申请量之和。

对比图3-1和图3-3可知，美国的国内总申请量虽然巨大，但国家申请量不敌德国。需要指出的是，由于中国风电技术专利申请量巨大，考虑到在目前选用的检索工具下进行统计分析的必要性不是很突出，故在此处，中国的国家申请量并不包括中国在华申请量。为了具有可比性，相应地，美、德、巴三国的国家申请量是在这三国中的申请量，并不包括在中国的申请量。另外，美、德、巴三国分别在其他二国的申请量之和排名情况见表3-2。

表 3 - 2　各国在其他国家申请量之和排名

国　　家	在其他国家申请量之和（件）
德　国	1289
美　国	289
巴　西	9

各国在其他国家申请量排名中，德国依然赶超美国，且优势明显，申请量是美国的四倍多，说明德国十分注重在其他国家进行风电技术专利布局，其在对外专利布局方面的竞争力也很强。

（四）各风电技术来源国在全球主要市场的 PCT 申请情况

各国的国家 PCT 申请数据反映出中国的风电技术专利布局与德国、美国两国仍有不小差距，但比核电技术的布局情况稍好。

各国中，国家 PCT 申请量最大的是德国，其次是美国，中国排名第三位（见图 3 - 4）。

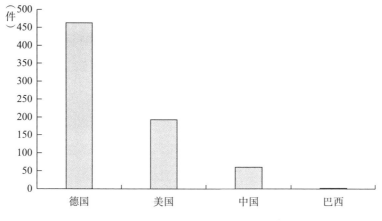

图 3 - 4　各国国家 PCT 申请量

同样需要指出的是，由于没有统计风电技术在华申请情况，中国的国家 PCT 申请量并不包括在华的 PCT 申请量；美、德、巴三国的国家 PCT 申请量是在这三国中的 PCT 申请量，也不包括在华的

PCT 申请量。国家 PCT 申请量中，德国也以两倍的优势居于美国之上，达到了 463 件；中国在上述三国中的 PCT 申请量达到了 61 件，不敌美国的 193 件。国家 PCT 申请量排名又一次展现了德国的风电技术专利实力，以及其专利布局能力。2015 年，德国宣布在未来几年内有计划地关闭境内所有核电站，退出核电大国地位，作为再生能源中颇具潜力的清洁能源——风能发电，更加受到德国重视，其通过了关于扩建再生能源的一系列法案。在本国意欲充分利用风能的同时，德国也必将涉足更多具备较大风电应用潜力的国家，其本国技术实力也将支撑其全球专利布局和风电战略。

（五）主要申请人（企业/研究机构）风电技术专利申请情况

风电企业专利竞争力较强的仍是美国、欧洲的风电巨头，如美国通用、丹麦维斯塔斯、德国西门子，中国实力较强的企业如华锐风电和金风科技，与上述企业差距悬殊。

各主要企业或研究机构中，申请量最大的是美国通用，其次是丹麦的维斯塔斯，德国西门子位居第三，中国的华锐风电和金风科技以相对较少的申请量位居最末两位（见图 3-5）。

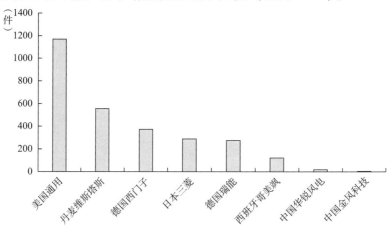

图 3-5　主要企业/研究机构申请量

在风电技术领域中，对代表性企业/研究机构的选取并未拘泥于统计目标国家的知名企业/研究机构，而是放眼全球，甄别出风电能源工业巨头，包括美国通用、丹麦维斯塔斯、德国西门子和德国瑞能、日本三菱、西班牙歌美飒、中国华锐风电和中国金风科技。图 3 - 5 显示出以上企业在美国、德国、巴西三国的申请量总量排名情况。

二　风电技术专利在美申请情况

美国风电技术专利申请情况包含了两方面内容：一方面，是对美国国内申请情况统计数据的分析说明，主要包括国内总申请量、主要国家在美申请量年度变化情况的统计分析；另一方面，是对美国在本国及其他国家申请情况统计数据的综合分析说明，主要包括主要国家在美申请总量及 PCT 申请总量情况、主要国家的主要企业/研究机构在美申请情况。前者可以得出以美国国内市场为基础，包括美国本国在内的各主要国家的风电技术专利实力对比，并反映出美国风电市场的情况；后者反映了美国在风电技术领域的专利实力和专利布局。

（一）美国国内申请量和各国在美申请量年度变化情况

2006～2011 年，美国国内风电技术专利申请呈逐年上升趋势，至 2011 年达到顶峰，之后连续下降三年，2015 年又缓慢回升（见图 3 - 6）。

2006～2015 年，巴西在美国的风电技术专利申请量非常少，与美、德相比几乎可以忽略不计；中国在美申请量也较小，在过去十年中总量未超百件；德国在美总体呈上升趋势，每年申请数量远超中国、巴西；美国本国申请量每年都高于德国，从 2006 年开始逐年上升，至 2011 年达到顶峰，之后连续两年下降，最近三年数量波动较小，比较平稳（见图 3 - 7）。

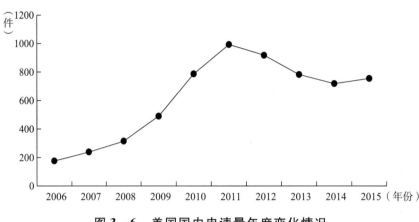

图 3 - 6　美国国内申请量年度变化情况

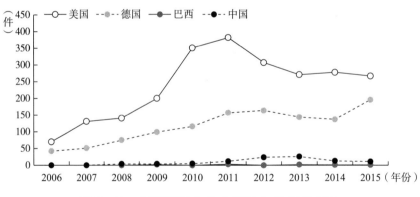

图 3 - 7　主要国家在美申请量年度变化情况

（二）各国在美申请总量排名及占比情况

各国在美申请量年度变化情况显示，美国申请量最大，其次是德国，然后是中国、巴西。中国、巴西两国的申请量与美国、德国相比，差距悬殊（见图 3 - 8）。

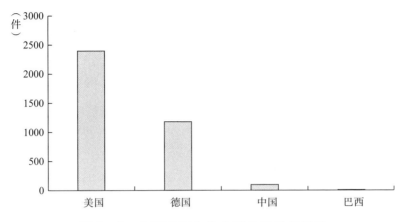

图 3-8　主要国家在美申请总量排名情况

　　以美、德、巴、中四国在美国家申请总量为分子，以美国国内总申请量（6175件）为分母，计算得出各国在美申请量占比情况。美国占比最大，其数量基本与除美、德、巴、中之外的其他国家申请量之和相当；其次是德国，占美国国内总申请量的近 1/5；中国占比较小，为 2%；巴西占比很小，可以忽略不计（见图 3-9）。

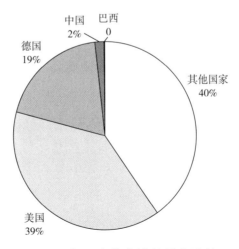

图 3-9　各国在美申请总量占比情况

（三）各国在美 PCT 申请情况

截止到 2015 年 12 月 31 日，德国在美的 PCT 申请量最大，德国在美 PCT 申请率（在美 PCT 申请量 374 件占总申请量 1181 件的比例）接近 1/3，其次是美国，再次是中国，中国与上述两国差距较大。巴西 PCT 申请量极少（见图 3－10）。德国以 PCT 申请开展风电海外专利布局的方式值得借鉴。

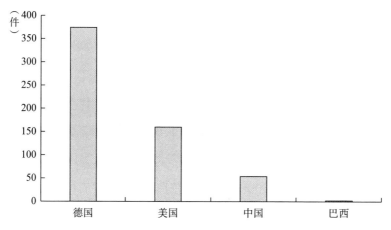

图 3－10　主要国家在美 PCT 申请量

（四）主要企业/研究机构在美申请情况

截止到 2015 年 12 月 31 日，统计数据显示，美国通用电气公司（GE）在美申请量最大，是排名第二的丹麦维斯塔斯公司（Vestas）的 1.8 倍，日本三菱重工（MHI）与德国西门子公司（Siemens）申请量相差不多，均为 250 件左右，西班牙歌美飒（Gamesa）和德国瑞能（Repower）的申请量相差无几，约为 100 件，中国的华锐风电（Sinovel）、金风科技（Goldwind）、国电联合动力（Guodian）总申请量刚满 20 件，与上述企业相差较大（见图 3－11）。

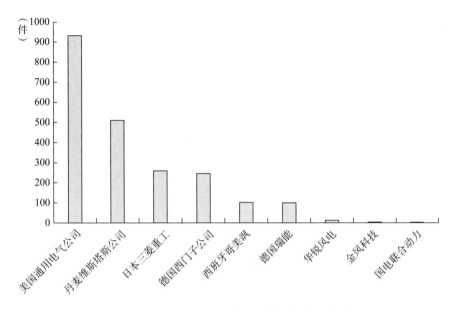

图 3-11　主要企业/研究机构在美申请量排名

中国风电企业巨头在生产力上不输先进国家的知名企业，尤其华锐风电、金风科技较早地"走出去"，开拓海外市场，且步伐不断加快，但在专利技术的拥有量和申请量上与先进国家相差悬殊。

三　风电技术专利在德申请情况

（一）德国国内申请量和各国在德申请量变化情况

截止到 2015 年 12 月 31 日，德国国内总申请量（即 2006～2015 年十年间国内申请量的总和）为 2634 件，国内申请量年度变化情况为：2006～2012 年，虽时有波动但基本维持在一个平稳的水平，申请量在 35 件上下徘徊，继 2013 年突破此水平增加后 2014 年稍有下降，2015 年出现申请量激增，实现百件突破，达到历史最高水平 140 多件（见图 3-12）。

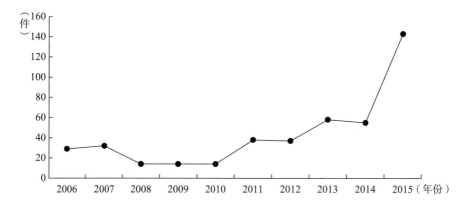

图 3 - 12　德国国内申请量年度变化

　　美国、德国在德申请量波动较大，基本呈"U"形，最近两年增长较快；巴西申请量在过去 9 年内虽有波动但变化不大，2015年较 2014 年上升较多；中国在德每年申请量为 0 ~ 3 件，申请量较小（见图 3 - 13）。

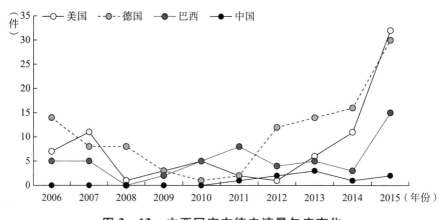

图 3 - 13　主要国家在德申请量年度变化

（二）各国在德申请总量排名及占比情况

　　德国、美国、巴西分列前三，在德申请量差距并不十分明显，中国申请量与上述三国差距较大（见图 3 - 14）。

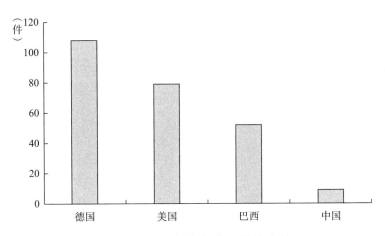

图 3 - 14　各国在德申请总量排名情况

以德、美、巴、中四国在德申请的国家总申请量为分子，以德国国内总申请量（434 件）为分母，计算得出四国在德申请量占比情况（见图 3 - 15）。

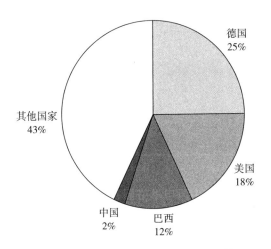

图 3 - 15　各国在德申请总量占比情况

（三）各国在德 PCT 申请情况

截止到 2015 年 12 月 31 日，统计结果显示，德国、美国 PCT 申请量分别以 42 件和 30 件占据前二位，中国只有 2 件 PCT 申请量，巴西申请量为零（见图3-16）。

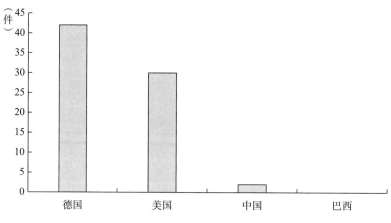

图 3-16 各国在德 PCT 申请量

（四）主要企业/研究机构在德申请情况

截止到 2015 年 12 月 31 日，统计数据显示，德国西门子申请量最大，为 48 件，其次是美国通用，丹麦维斯塔斯排在第三位，三者申请量均超 30 件；日本三菱的申请量为 29 件，西班牙歌美飒的申请量为 19 件；华锐风电有 6 件申请量，金风科技申请量为零。德国国内申请中，作为德国代表性公司的西门子申请量并不具有明显优势，美国通用、丹麦维斯塔斯和日本三菱在德的风电技术专利强劲（见图 3-17）。

如上文所述，德国将在不远的未来彻底弃核，在其履行发达国家低碳义务的形势下，势必寻求其他再生能源。风电将是其一大能源来源。也可以看出，世界能源工业企业巨头寻求在德攻占先机、占据有利市场地位的勃勃雄心。中国龙头企业在不断开拓市场、拓展业务的同时，也要学习世界能源工业企业巨头在全球市场战略中的专利布局战略，为实现真正的"大且强"做出充分准备。

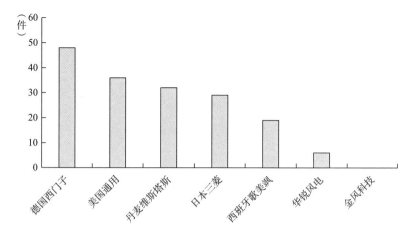

图 3 - 17 主要企业/研究机构在德申请量排名情况

四 风电技术专利在巴西申请情况

（一）巴西国内申请量和各国在巴西申请量变化情况

截止到 2015 年 12 月 31 日，巴西风电技术专利国内总申请量为 434 件，国内申请量年度变化情况为：前五年申请量维持在较低水平，2010 年后申请量缓慢增加，2014 年相对 2013 年出现轻微回落后，2015 年申请量实现激增（见图 3 - 18）。

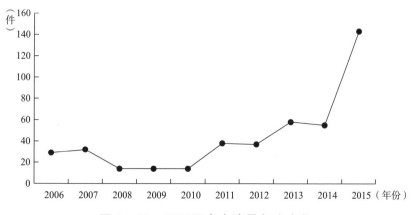

图 3 - 18 巴西国内申请量年度变化

美国和德国在巴西的风电技术专利申请量经历了先下降后上升的变化趋势，巴西本国申请量每年维持在5件上下水平，中国在巴西前五年申请量为零，后五年每年申请量为1~3件。每年的申请量与美国、德国的申请量相差较大（见图3-19）。

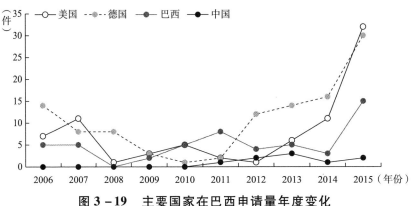

图3-19 主要国家在巴西申请量年度变化

（二）各国在巴西申请总量排名、占比情况及 PCT 申请量排名

德国在巴西申请量最大，是其国内申请总量的1/4，其次是美国，所占比重也很大；中国申请量最小，占比为2%（见图3-20和图3-21）。

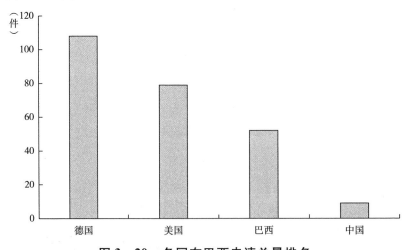

图3-20 各国在巴西申请总量排名

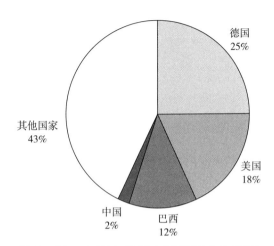

图 3 – 21　各国在巴西申请总量占比情况

　　风电技术专利在巴西 PCT 申请量最大的是德国，美国紧随其后，中国与上述两国差距较大（见图 3 – 22）。

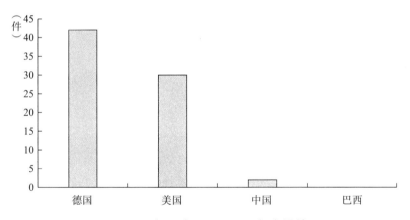

图 3 – 22　各国在巴西 PCT 申请量情况

（三）主要企业/研究机构在巴西申请情况

　　截止到 2015 年 12 月 31 日，统计数据显示，德国西门子在巴西的申请量最大，其次是美国通用、丹麦维斯塔斯，日本三菱的申请量虽然不及上述两个企业，但申请量也不小；中国华锐风电申请量是个位数，是德国西门子申请量的1/8，中国金风科技申请量为零。这说明中国企业与发达国家的企业在巴西风电技术专利申请差距较大（见图3-23）。

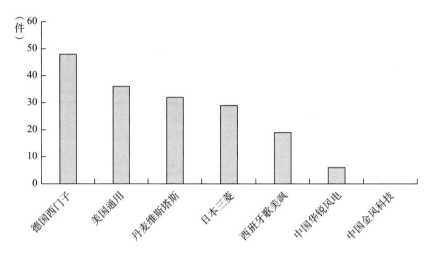

图3-23 主要企业/研究机构在巴西申请量

五 结论与对策

作为战略性新兴产业，近年来，风电成为中国少数具有一定国际竞争力的高新技术产业之一。通过十多年的努力，中国已经掌握了一些风电的核心设计技术。然而，无序、低水平的重复建设使得中国风电装备制造产业出现了严重的产能过剩。归根结底，这仍需要在风电技术方面强化自主和可控来解决。2016年，国际能源局根据《能源发展"十三五"规划》和《可再生能源发展"十三五"规划》，制定了《风电发展"十三五"规划》，其中强调，"要紧密结合'一带一路'倡议及国际多边、双边合作机制，把握全球风电产业发展大势和国际市场深度合作的窗口期，有序推进我国风电产业国际化发展"。中国风电产业要"走出去"，并对外消解产能，其前提也必须是具备过硬的技术和较高的质量。但是，中国风电技术装备"走出去"是否已经具备了足够的国际竞争力？与全球其他主要风电国家相比，中国还存在哪些差距？如何弥补存在的差距进而提升中国风电产业的国际竞争力？

通过专利申请检索分析，我们的研究得出如下几点结论。

其一，中国的风电专利技术在数量上呈现极大的优势，市场潜力巨大。从 2006 年至 2015 年公开的中国风电专利申请总量看，中国风电技术一直在专利申请数量上遥遥领先，中国市场也成为最具潜力的风电市场。从各国专利申请的年度变化趋势看，中国和美国的变化趋势呈现高位平行上升及下降的态势，德国和巴西则处于低位小幅波动地带，这表明中国国内风电技术专利申请量也在赶超美国。

其二，从风电技术专利的全球布局情况看，中国与德国、美国有较大差距，这可能会使中国企业在"走出去"的过程中面临一定的专利陷阱。此处，分别统计了德国、美国、中国、巴西四个国家在德国、美国、巴西三个国家的风电专利申请量之和，得出如下观点：相比德国和美国在对外的专利申请量，中国相差甚远。再从国家 PCT 申请数据看，中国风电技术专利对外 PCT 申请量也与德国、美国有一定差距。

其三，从全球主要国别市场的风电技术专利对比情况看，中国在通过对外 PCT 申请风电专利方面，与美国和德国存在一定的差距，但中国与美、德的差距在不断缩小，这表明中国企业在"走出去"的过程中已经开始意识到对外知识产权布局的重要性。在以巴西为代表的发展中国家市场中，以德国、美国为代表的发达国家早已布局了大量专利，中国在近几年也开始在巴西市场开展了专利申请和布局，但步伐远落后于发达国家。

由此可见，中国风电技术要进一步提升国际竞争力，仍需要在如下几个方面做出努力。

第一，提升风电技术创新水平，加强自主知识产权布局。推动风电塔架基础、传动、塔架等关键技术领域的创新，推动海上风电技术的研发和应用，加大上述技术领域的专利申请和自主知识产权布局。加大风电专利申请的质量管控，引导并增强风电专利集中度，发挥技术集群优势。通过技术创新基金等形式，加大对具有技术和研发能力和潜力的优势风电企业进行持续的研发投入，并注重对研发成果的转化，使技术、资本和市场实现良性互动和循环。

第二，提高全球化知识产权战略布局意识，加强知识产权战略体系建设和运用，最大限度地促使专利技术市场化。政府应当积极通过构建风电专利信息平台并加强相关培训等方式，及时、全面地将获取到的国内外最新的专利技术信息共享给相关企业和科研机构等。行业协会应当通过技术创新联盟等联合形式，建立产业和技术发展的利益共同体，集聚技术专家、行业专家等利益相关方的力量，借势借力、攻关克难，共同开展关键共性技术的研发和专利共享。风电企业，尤其是外向型企业，除了由其研发部门在技术开发中对竞争对手的技术现状和未来趋势有所预判和追踪之外，还应当尽快构建并完善其企业知识产权战略，做到使企业技术开发选择、专利申请、专利运用、技术引进和转让、技术标准化等各阶段的企业行为均贯穿于企业整体知识产权战略安排之中，且企业的知识产权战略又要与其整体的经营战略密切关联，成为企业高层进行重大经营决策中的必要考虑因素和最终决策因素。

第三，积极推动风电技术标准体系接轨和风电认证制度统一。加大对标准化的研究投入。推动中国风电企业和研发机构积极参与产业、国家和国际相关标准的制定。鼓励中国风电设计、建设、运维和检测认证机构积极参与国际标准制定和修订工作。借助国际多边互认机制，深度参与可再生能源认证互认体系合格评定标准规则的制定，以及实施和评估，提升中国在国际风电认证、检测等领域的国际话语权。

第四，改进风电行业对外合作模式和效果。积极利用已有的双边合作关系和多边合作渠道，进一步深化风电技术合作。推动国家级风电实验室领域在检测标准、公共数据资源等领域的国际合作和共享，鼓励企业超越许可合作模式，探索更加互利共赢的合作研发模式，加强在信息共享、标准创制、质量监控和知识产权等领域的合作。

第四章　太阳能光伏发电技术

和其他低碳能源相比，太阳能清洁无污染、分布广泛，且取之不尽用之不竭。2015 年在巴黎召开的气候变化大会给太阳能光伏产业发展带来了机遇。对于中国而言，在光伏产业成本日益下降而煤电产业发展受控的背景下，太阳能光伏发电作为煤电替代产业，其潜力巨大。

在太阳能光伏发电技术方面，本研究主要检索了美国、德国两个国家 2006～2015 年十年间公开的太阳能光伏发电技术专利申请。CPC 分类中 Y02E10/50：Photovoltaic［PV］Energy 项下包括了 Y02E10/52：PV Systems with Concentrators、Y02E10/54：Material Technologies、Y02E10/56：Power Conversion Electric or Electronic Aspects、Y02E10/58：Maximum Power Point Tracking［MPPT］Systems 等，选出 Y02E10/541（CulnSe2 Material PV Cells）、Y02E10/546（Polycrystalline Silicon PV Cells）、Y02E10/547（Monocrystalline Silicon PV Cells）、Y02E10/563（for Grid - connected Applications）、Y02E10/58（Maximum Power Point Tracking［MPPT］Systems）五项技术分类，在 CPC 检索字段下分别以 Y02E10/541、Y02E10/546、Y02E10/547、Y02E10/563、Y02E10/58 分类号为检索词，另外分别在申请号、公开或公告日字段输入所需要的检索词，得出检索结果。对检索结果进行统计分析，进一步得出统计

结果。对太阳能光伏发电技术专利申请的研究实际选取了中国、美国、德国、日本四个国家作为研究对象，但由于中国和日本申请人信息空缺较多，在有限的时间内无法手动补全，因此只检索统计了美国、德国两国的国内专利申请情况，并简单统计了中国每年国内申请量及总申请量。在美国、德国两国国内，分别统计了中国、美国、德国、日本四个国家的申请情况。具体结果如下。

一 总体情况

（一）各国太阳能光伏发电技术专利申请情况

太阳能光伏发电技术专利国内总申请量美国最多，其次为中国，德国相比上述两国总申请量较少。

中国、美国、德国在 2006～2015 年十年间公开的太阳能光伏发电技术专利国内总申请量共计 11549 件，美国国内总申请量远高于德国（见表 4 - 1）。

表 4 - 1 各国国内总申请情况

单位：件

国　　家	国内总申请量
美　　国	5767
中　　国	4729
德　　国	1053
总　　量	11549

（二）各国太阳能光伏发电技术专利申请量变化趋势

中国太阳能光伏发电技术专利申请在 2006～2010 年五年间缓慢增长，从 2010 年后迅速增长，2015 年相比 2014 年申请量有所下降。美、中两国在国内申请量变化上均是先上升后呈坡度缓慢下降，德国在此十年间变化不大，自 2006 年以来，国内申请量仅涨了不到两倍，美国国内申请量增长明显，从 2006 年以来，足足增长五倍。2006 ~ 2012 年，美国国内申请总量的年平均增长率远高于德国（见图 4 - 1）。

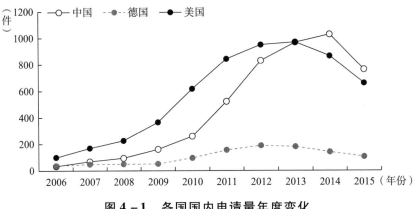

图 4 - 1　各国国内申请量年度变化

（三）各太阳能光伏发电技术来源国在全球主要市场的布局情况

此处，各国的国家申请量是各国分别在美、德两国申请量的和。国家申请量最大的是美国，大于日本、德国两国的国家申请量之和，中国的国家申请量最少，不到德国的 1/10。这表明，太阳能光伏发电技术专利全球布局方面，美国处于领先水平，日本与德国水平相当，中国与上述三国差距较大（见图 4 - 2）。

（四）各太阳能光伏发电技术来源国在全球主要市场的 PCT申请情况

各国国家 PCT 申请数据反映出中国太阳能光伏发电技术专利布局与发达国家差距较大；日本太阳能光伏发电技术专利布局实力远超美国、德国。

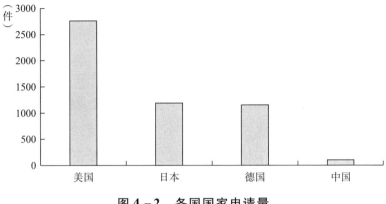

图 4 - 2　各国国家申请量

国家 PCT 申请量最大的是日本，是排名第二的美国的两倍多，美国国家 PCT 申请量则是排名第三的德国的两倍，相比上述三个国家，中国国家 PCT 申请量最少，且差距明显（见图 4 - 3）。

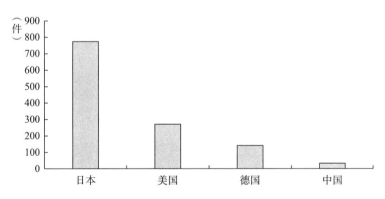

图 4 - 3　各国国家 PCT 申请量

在太阳能光伏发电技术领域，中国、日本的国家 PCT 申请量不包括在其本国的申请，也就是说，四国的国家 PCT 申请量是四国在美、德两国的 PCT 申请量总和。日本太阳能光伏发电技术专利布局明显，实力超过美、德两国，中国与先进国家差距仍较大。

（五）主要申请人（企业/研究机构）太阳能光伏发电技术专利申请情况

从专利申请人（企业/研究机构）情况看，申请数量较大的是日本、美国和德国的企业，中国企业与发达国家企业相比差距较大。

各主要企业/研究机构申请量排名中，太阳能光伏发电技术代表性企业日本三洋和日本三菱摘取前二甲，接着是美国 SunPower 和日本夏普，德国西门子稍显逊色，中国太阳能光伏发电技术代表性企业中国无锡尚德、中国英利和中国天合光能的申请量与上述企业差距悬殊（见图 4 - 4）。

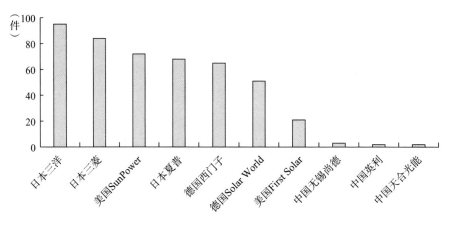

图 4 - 4　主要企业/研究机构申请量

研究甄别出美国的 SunPower 和 First Solar，德国的西门子和 Solar World，日本的三洋、三菱和夏普，中国的无锡尚德、英利和天合光能作为主要企业/研究机构申请量情况的研究对象（在以下具体到不同国家分析时，会根据情况进行适当增减）。各主要企业/研究机构申请量总体呈现群雄林立的局面，强者实力都不俗，日本的企业表现抢眼，不仅日本三洋和日本三菱包揽了前两名，在前五名企业/研究机构中，日本一国就占据三个席位。其次是美国和德国的企业。中国无锡尚德、中国英利等企业是走向世界的知名太阳能光伏发电技术生产企业，产品输出量大，海外市场份额较大，尤其在欧盟占有较大市场份额，但从技术专利申请量对比可以看出，中国企业仍与发达国家企业有较大差距。

二　太阳能光伏发电技术专利在美申请情况

（一）美国国内总申请量和主要国家在美申请量年度变化情况

截止到 2015 年 12 月 31 日，太阳能光伏发电技术专利美国国内总申请量（即 2006～2015 年十年间国内申请量的总和）为 5767 件。国内申请量年度变化情况具体为：2006～2013 年，申请量经历缓慢上升到快速上升再到缓慢上升，2013 年达到年度最大申请量 970 件，其后两年开始下降（见图 4－5）。

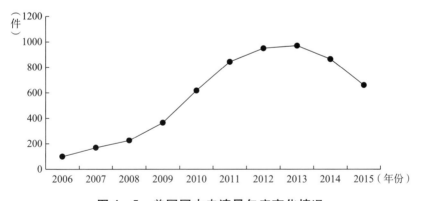

图 4－5　美国国内申请量年度变化情况

2006～2015 年，美国国家申请量变化趋势与美国国内申请量变化趋势相似，也是呈现先上升后下降趋势，但后者峰值在 2012 年，申请量达 439 件；日本变化趋势与美国相似；德国和中国在美申请量总体趋势平缓（见图 4－6）。

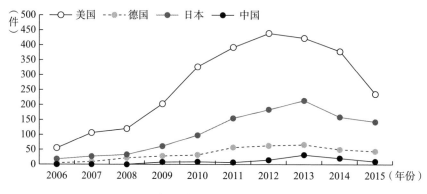

图 4-6　各国在美申请量年度变化情况

（二）主要国家在美申请总量排名及占比情况

美国本国申请总量超过其他三国的总和，排在首位，其次是日本和德国，中国在美申请总量与上述三国差距较大（见图 4-7）。

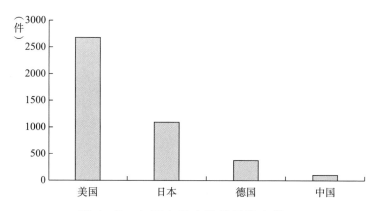

图 4-7　各国在美申请总量排名情况

美国占据其国内总申请量较大比重，接近一半；日本所占比重接近 1/5；相比风电技术，德国太阳能光伏发电技术专利在美申请量较小，占 7%；中国在美申请量所占比重最小（见图 4-8）。

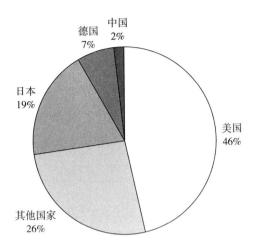

图 4 - 8　各国在美申请总量占比情况

(三) 各国在美 PCT 申请情况

截止到 2015 年 12 月 31 日，在美 PCT 申请量最大的国家是日本，其次是美国，日本的 PCT 申请量高于美国和德国两国的申请量之和。四国中，中国在美 PCT 申请量最小（见图 4 - 9）。

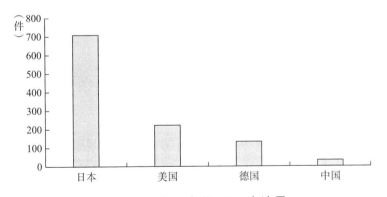

图 4 - 9　各国在美 PCT 申请量

尤其抢眼的是，日本在美 PCT 申请率高达 65%，这在很大程度上能够反映出其太阳能光伏发电技术专利的全球布局力度。

（四）主要企业/研究机构在美申请情况

截止到 2015 年 12 月 31 日，排名前五的日本三洋、美国杜邦、日本三菱、日本夏普、美国 SunPower 在美专利申请量相差不大，德国西门子和德国 Solar World 与上述日本企业相差较大，而中国无锡尚德、中国天合光能和中国英利与先进大国企业在美申请量上的差距巨大（见图 4 - 10）。

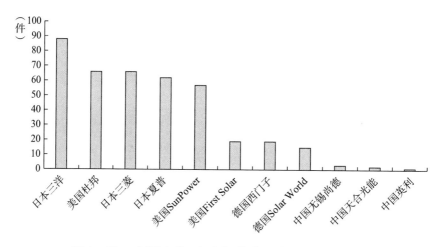

图 4 - 10　主要企业/研究机构在美申请量排名情况

三　太阳能光伏发电技术专利在德申请情况

（一）德国国内总申请量和主要国家在美申请量年度变化情况

截止到 2015 年 12 月 31 日，德国国内总申请量为 1053 件，国内申请量呈现先上升后下降的变化趋势，德国国家申请量变化趋势与之类似；美国、日本在德申请量较小，并且波动不大；中国在德国只有最近两年才出现每年一件的申请，之前的年份申请量均为零（见图 4 - 11、图 4 - 12）。

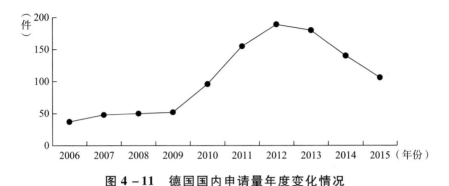

图 4 - 11　德国国内申请量年度变化情况

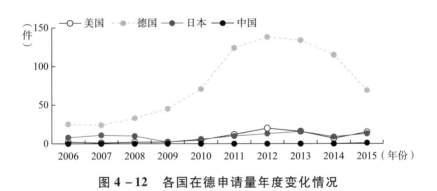

图 4 - 12　各国在德申请量年度变化情况

（二）各国在德申请总量排名及占比情况

德国在其本国的太阳能光伏发电技术专利申请量占绝对优势地位，申请量高达 778 件，占比约为 74%，可以说，德国国内大部分的专利都是由本国人申请的；日本、美国在德申请量相差不大，数量均不到 100 件；中国在德的申请量基本可以忽略不计（由于中国在德申请量非常低，通过数量关系计算后得到的比重基本为零）（见图 4 - 13、图 4 - 14）。

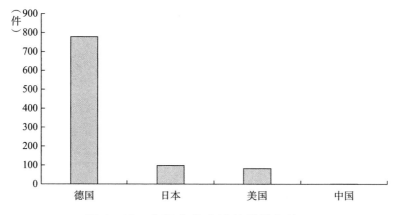

图 4 – 13　各国在德申请总量排名情况

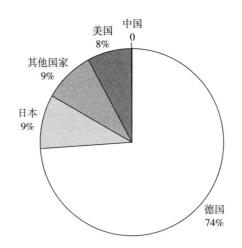

图 4 – 14　各国在德申请总量占比情况

（三）主要国家在德 PCT 申请情况

截止到 2015 年 12 月 31 日，日本在德 PCT 申请量最大，其次是美国，再次是德国，中国近年来在德的两件专利申请中的一件是 PCT 申请（见图 4 – 15）。

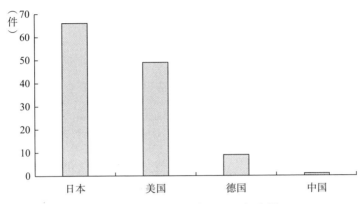

图 4-15 各国在德 PCT 申请量

(四) 主要企业/研究机构在德申请情况

截止到 2015 年 12 月 31 日, 德国西门子公司在德申请量最大, 排名第二的是德国另一家企业 Solar World, 其后是日本三菱和美国 SunPower。相比以上企业/研究机构在德的申请情况, 中国英利的申请量最少 (见图 4-16)。

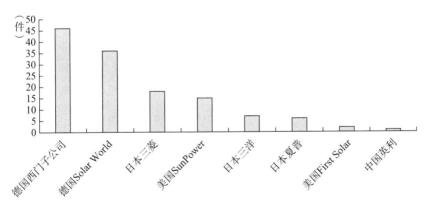

图 4-16 主要企业/研究机构在德申请量排名

四 结论与对策

综观全球光伏产业发展历史，中国光伏产业通过不断完善自身体系、提升技术水平，使光伏制造和应用规模在"十二五"期间均居世界前列，在规模化、产业化方面为全球光伏产业的发展贡献了巨大的力量。2016 年，国家能源局根据《中华人民共和国国民经济和社会发展第十三个五年规划纲要》《能源发展"十三五"规划》《电力发展"十三五"规划》《可再生能源发展"十三五"规划》，制定了《太阳能发展"十三五"规划》（以下简称《规划》），《规划》提出，"拓展太阳能国际市场和产能合作，持续提升太阳能产业国际市场竞争力，实现太阳能产能'优进优出'"。光伏行业要想取得长效发展并赢得海外市场，其核心是依靠知识产权。中国光伏技术"走出去"是否已经具备了足够的国际竞争力？与全球其他主要光伏产业国家相比，中国还存在哪些差距？如何弥补存在的差距进而提升中国光伏产业的国际竞争力？

通过专利申请检索分析，我们的研究得出如下几点结论。

其一，从光伏技术专利申请量变化情况看，中国光伏专利技术呈现逐渐强劲的增速，其市场潜力也不断扩大。从 2006 年至 2015 年公开的中国风电专利申请总量看，中国光伏技术在专利申请数量上与美国相差不大，并且数量远高于德国，可以看出中国和美国的光伏市场潜力均很大。从各国专利申请的年度变化趋势看，与德国的小幅增长与下降不同，中国和美国在 2010 年前后专利申请量均出现了较大增长。

其二，从光伏技术专利的全球布局情况看，中国光伏产业技术专利在美国和德国的申请量之和与美国、德国、日本等发达国家仍有明显差距。在对外 PCT 申请光伏专利方面，日本遥遥领先，中国则与日本、美国、德国三国有明显差距。

其三，从全球主要国别市场的光伏技术专利对比情况看，中国与美国、日本、德国等发达国家相比，其在海外主要市场的专利布局仍然是非常有限的。

虽然上述结果显示出中国光伏技术的海外专利竞争力与发达国家仍有明显差距，但不可否认的是，中国作为一个光伏产业大国，有着规模方面巨大的竞争优势。然而，这种由于聚集而产生的规模优势，并不能持久。中国光伏产业要想长久地发展，需要进一步提升国际竞争力，需要在以下几个方面做出努力。

第一，加大创新，提升自主知识产权核心技术优势。加大对光伏技术研发的投入力度，提升光伏技术作为无形资产的增加值，树立优势品牌、储备专利技术，促使中国光伏产业摆脱"两头在外、以量取胜"的发展模式，迈向"品牌响亮、以质取胜"的发展轨道。打破技术锁定效应，释放创新空间，鼓励通过组件技术创新联盟、联合研发等形式，与国内外同行加强技术交流合作。提升先进晶体硅光伏电池和薄膜光伏电池的产业化转换效率；通过智能化运营和维护，提升光伏发电系统效率；提升晶硅提纯等核心技术引进、消化、吸收和再创新的能力。

第二，积极确立、完善并运用中国光伏产业对外贸易知识产权战略。通过培训、信息服务、扶持政策等手段培育中国光伏企业积极确立和完善企业知识产权战略。鼓励企业针对自身特点制定近期、中期及长期的知识产权战略和目标。鼓励国内优势光伏技术企业向日本等发达国家学习经验，确立并运用好海外知识产权战略，尽早在海外相关市场进行专利战略布局，并做好知识产权预警工作，最大限度地将专利技术市场化。加大冶金制硅工艺原始创新和专利申请，加强薄膜光伏电池、染料敏化电池技术等领域的知识产权风险防控和专利布局。

第三，正视海外专利诉讼，攻守兼实，有效维护中国光伏企业合法权益。中国光伏企业在海外拓展中，应当注重通过企业法律顾问、外部律师团队、咨询公司等途径，及时掌握国际上与贸易有关的知识产权规则的变化，尤其需要密切关注美国337调查和法院诉讼中的相关进展，做好案例分析和成案总结。在相关纠纷发生时，应注意收集对己方有利的证据，并积极借助内外部律师以行业、政府相关部门的力量，通过多种渠道，积极应对，避免产生不必要的误解，最大限度地利用海外诉讼的相关规则和机制，维护己方合法权益。

第五章 新能源汽车技术

新能源汽车技术的发展，对于促进节能减排、降低石油依赖度、促进经济发展等具有重要的社会价值和战略意义。在政策、资金、技术的共同作用和有力支撑下，中国新能源汽车的产业规模和技术水平在不断进步，中国新能源汽车领域也已经拥有了多项自主知识产权和技术标准。然而，就核心技术而言，无论是其数量还是质量，均与世界先进水平有较大差距。

在新能源汽车技术方面，本研究主要检索了美国、德国、巴西三个国家 2006~2015 年十年间公布的专利申请情况。在 CPC 分类中，Y02T10 项（roads transport of goods or passengers）下包括了新能源汽车相关的重点技术分类：Y02T10/641（characterised by aspects of the electric machine），Y02T10/7011（lithium ion battery），Y02T10/72（electric energy management in electromobility）。在 CPC 检索字段下分别以 Y02T10/641、Y02T10/7011、Y02T10/72 分类号为检索词，分别在申请号、公开或公告日字段输入所需要的检索词，得出检索结果。对检索结果进行统计分析，进一步得出统计结果。对新能源汽车技术专利申请情况，本研究选取了美国、德国和巴西三个国家作为主要目标国市场，在这三个主要目标国市场中，分别统计了美国、德国、日本、中国、巴西五个国家的申请情况，并简单统计了中国每年国内申请量以及总申请量。具体结果如下。

一　总体情况

（一）各主要国家新能源汽车技术专利申请总量对比

新能源汽车技术专利申请总量上，中国和美国平分秋色，其后是德国，相比上述国家，巴西国内总申请量最少。

表 5 - 1　各国国内总申请量

国　　家	国内总申请量（件）
中　　国	5832
美　　国	5605
德　　国	2189
巴　　西	83
总　　计	13709

（二）各国新能源汽车技术专利申请量变化情况

在国内申请量年度变化方面，中国和美国走势相似，2006～2012 年，中、美两国国内申请量增长较快，之后增长放缓并出现下降趋势；2006～2013 年，德国的国内申请量缓慢上升，随后两年出现下降态势。整体来看，中国和美国的国内申请量每年都要高于德国（见图 5 - 1）。

（三）各新能源汽车技术来源国在全球主要市场的布局情况

各国在德国、美国、巴西三国的申请量之和①，是此处的"国

---

①　在日本和在中国的申请量未进行统计。

家申请量"。从国家申请量排名情况看，日本的新能源汽车技术专利申请量最大，德国、美国紧随其后，中国的国家申请量与发达国家相差悬殊（见图5－2）。

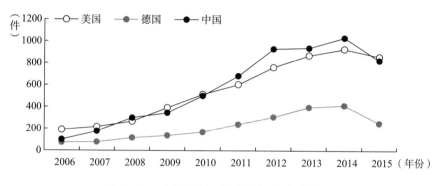

图 5－1 各国国内申请量年度变化情况

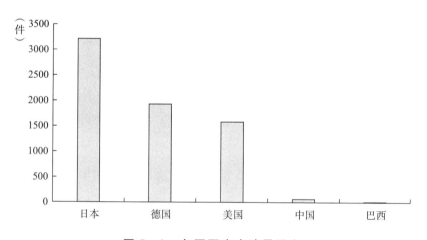

图 5－2 各国国家申请量排名

（四）各新能源汽车技术来源国在全球主要市场的 PCT 申请情况

日本的国家 PCT 申请量远超德国和美国。相比之下，中国的国家 PCT 申请量微乎其微。总体来看，德国、美国的新能源汽车技术专利布局比中国要强，但与日本仍有明显差距，日本在全球主要市场的专利布局远远领先于其他三国。巴西无此申请（见图5-3）。

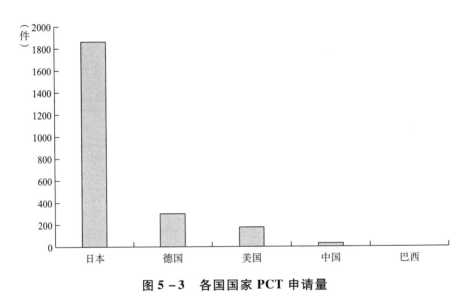

图5-3 各国国家PCT申请量

（五）主要申请人（企业/研究机构）新能源汽车技术专利申请情况

从申请人情况看，日本、德国等国家的企业的专利竞争力较强，美国企业表现不俗，中国企业与发达国家差距较大。

日本的丰田和德国的罗伯特博世的新能源汽车技术专利申请量旗鼓相当，分列第一位和第二位，美国通用位列第三位，其后是美国福特、日本尼桑、日本日立和日本三菱等企业，这些企业的专利申请量较少。中国新能源汽车主要生产商为比亚迪、奇瑞、陆地方舟、东风和康迪，但仅比亚迪有6件新能源汽车技术专利申请和奇瑞1件申请，与发达国家企业差距很大（见图5-4）。

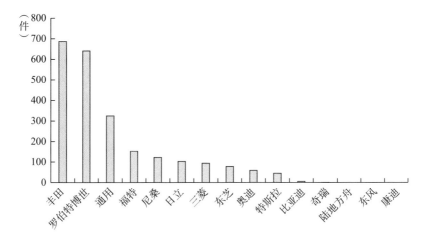

图 5-4 主要企业/研究机构申请量

二 新能源汽车技术专利在美申请情况

（一）美国国内总申请量和各国在美申请量年度变化情况

截止到 2015 年 12 月 31 日，美国新能源汽车技术专利国内总申请量为 5605 件。其国内申请量年度变化情况为：2006~2014 年呈持续增长趋势，2015 年较 2014 年的申请量有所下降（见图 5-5）。

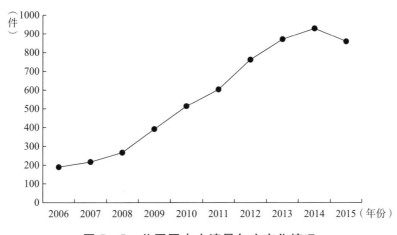

图 5-5 美国国内申请量年度变化情况

2006～2015 年，美国国内申请量年度变化为：2006～2013 年呈波动上升趋势，2014 年和 2015 年两年申请量连续下降；日本在美申请量变化趋势与美国相似，但每年申请量均在美国之上，增长的上升坡度较为明显；2006～2014 年，德国在美申请量逐年增长，于 2014 年达到顶峰，2015 年略有下降；中国在美申请量较小，近几年每年数量在 10 件左右徘徊，与发达国家差距较大；巴西在美申请量为零（见图 5－6）。

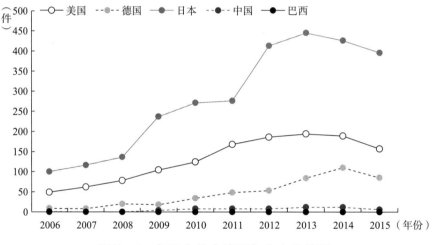

图 5－6　各国在美申请量年度变化情况

（二）各国在美申请总量排名及占比情况

日本在美申请总量是美国的两倍有余，占据首位；美国在其本土申请总量不敌日本，屈居第二；德国位居第三；中国在美申请总量与发达国家有较大差距。巴西在美申请总量为零（见图 5－7）。

从比重计算可知，日本的申请总量占美国国内总申请量的一半，而美国自身申请量占不到 1/4，德国只占 8%，中国占 1%（见图 5－8）。

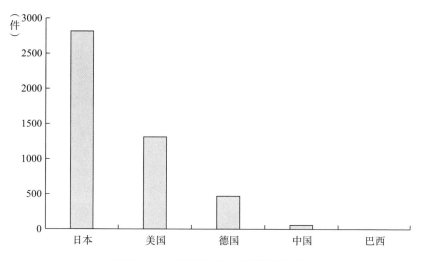

图5-7　各国在美申请总量排名

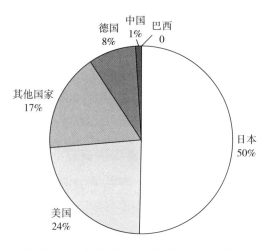

图5-8　各国在美申请总量占比情况

　　总体来说，日本在美国的新能源汽车技术专利布局领先，申请量竟超出美国在其本土的申请量。中国与日本在美新能源汽车技术专利布局上差距较大。

（三）各国在美 PCT 申请情况

截止到 2015 年 12 月 31 日，在美 PCT 申请量最大的国家是日本，其次是德国，美国位列第三。而且，日本在美 PCT 申请量远远高出美国和德国。中国与上述国家差距较大（见图 5 - 9）。

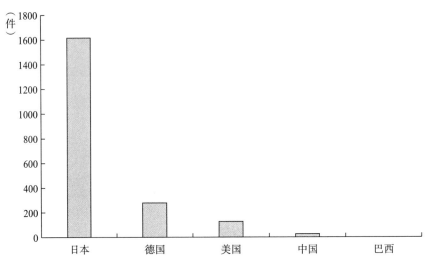

图 5 - 9　各国在美 PCT 申请量

（四）主要企业/研究机构在美申请情况

截止到 2015 年 12 月 31 日，排名第一的日本丰田在美的新能源汽车技术专利申请量远大于其他企业。美国通用、德国罗伯特博世申请量相差不大，分列第二位和第三位。美国福特，日本尼桑、日立、东芝、三菱等汽车企业表现不俗。中国汽车企业比亚迪和奇瑞，分别在美有 5 件和 1 件的申请量，其他企业如陆地方舟、东风、康迪在美申请量均为零。中国企业与发达国家企业的申请量差距较大（见图 5 - 10）。

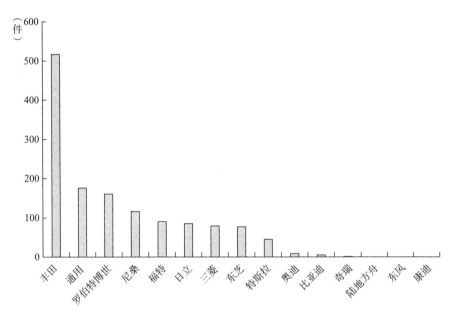

图 5 - 10　主要企业/研究机构在美申请量排名

三　新能源汽车技术专利在德申请情况

（一）德国国内总申请量和各国在德申请量年度变化情况

截止到 2015 年 12 月 31 日，德国新能源汽车技术专利国内总申请量为 2189 件，2006～2014 年，德国国内申请量逐年稳步上升，2015 年出现骤降；德国国家申请量变化情况与前者相似，美国和日本在德申请量变化并不明显，但近几年申请量相对早年波动较大。中国在 2006～2015 年的十年间在德申请量仅有 2 件，巴西在德无新能源汽车技术专利申请（见图 5 - 11 和图 5 - 12）。

（二）各国在德申请总量排名及占比情况

德国在本国的新能源汽车技术专利申请量最大，占 2/3；其次

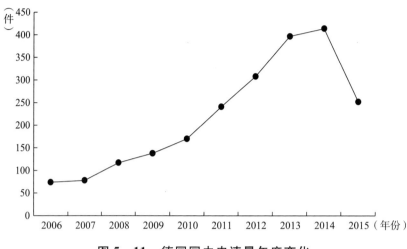

图 5 – 11　德国国内申请量年度变化

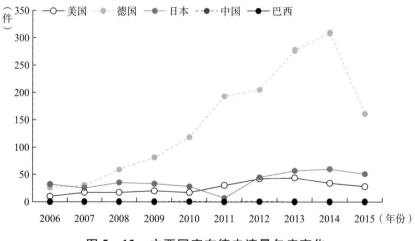

图 5 – 12　主要国家在德申请量年度变化

是日本、美国，日本与美国两国在德申请量差距不大，但与德国差距较大，日本与美国在德申请量占比分别为 17% 和 12%；中国、巴西在德申请量与发达国家差距较大，可忽略不计（见图 5 – 13 和图 5 – 14）。

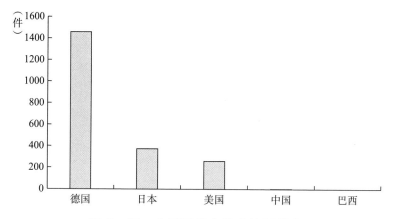

图 5 – 13　主要国家在德申请量排名

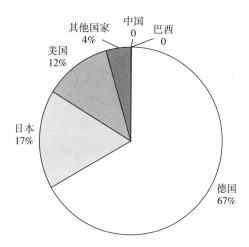

图 5 – 14　各国在德申请量占比

（三）各国在德 PCT 申请量情况

截止到 2015 年 12 月 31 日，日本在德国 PCT 申请量最大，其次是美国、德国，中国在德的两件申请全部为 PCT 申请。综观日本在美、德两国的新能源汽车技术专利的申请情况，日本的 PCT 申请量均位居首位，中国在德 PCT 申请量与其差距很大（见图 5 – 15）。

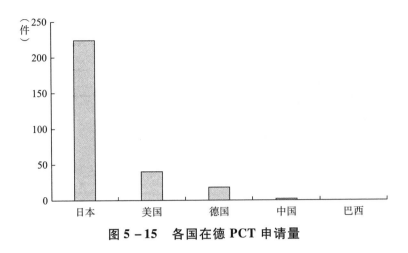

图 5 –15　各国在德 PCT 申请量

（四）主要企业/研究机构在德申请情况

截止到 2015 年 12 月 31 日，德国罗伯特博世在德的新能源汽车技术专利申请量最大，其次是日本丰田和美国通用，二者旗鼓相当；其后，美国福特，德国奥迪，日本日立、三菱、尼桑等企业的申请量也不逊色。中国汽车企业陆地方舟、比亚迪、奇瑞、东风、康迪在德尚无新能源汽车技术专利的申请（见图 5 – 16）。

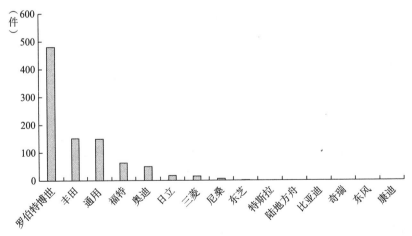

图 5 –16　主要企业/研究机构在德申请量排名

四　新能源汽车技术专利在巴西申请情况

（一）巴西国内总申请量及各国在巴西申请总量排名、占比情况

截止到 2015 年 12 月 31 日，巴西新能源汽车技术专利国内总申请量为 83 件；日本在巴西的申请量最大，其次是美国，巴西位居第三，中国位居最末位；日本在巴西的申请量占巴西国家总申请量（指巴西、美国、德国、日本、中国在巴西的专利申请量之和）近 1/3，美国和巴西分别占约 12%，中国在巴西申请量的占比与日本差距悬殊，仅约 1%（见图 5 - 17 和图 5 - 18）。

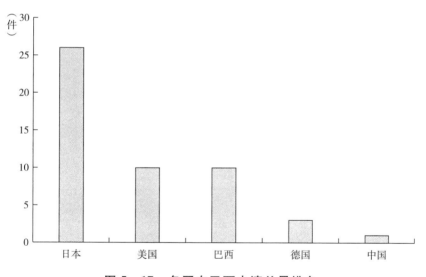

图 5 - 17　各国在巴西申请总量排名

（二）各国在巴西 PCT 申请量排名

在选定的研究国里，日本在巴西的 PCT 申请量最大，其次是美国，德国、中国分列第三位、第四位，巴西在本国无 PCT 申请。中国与日本在巴西的 PCT 申请量差距较大（见图 5 - 19）。

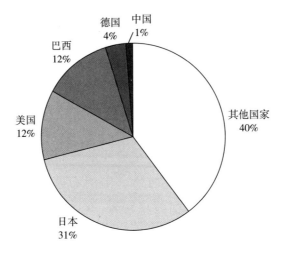

图 5 – 18 各国在巴西申请总量占比情况

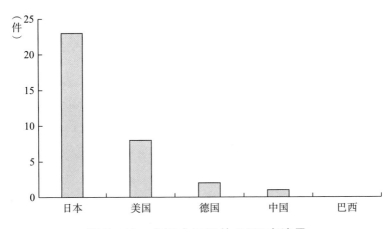

图 5 – 19 各国在巴西的 PCT 申请量

此外，对比图 5 – 17 和图 5 – 19 可知，日本在巴西的专利申请几乎全部为 PCT 申请，这体现了日本明确的专利布局方向。中国在这方面意识和实力仍需努力加强。

（三）主要企业/研究机构在巴西申请情况

统计数据显示，截止到 2015 年 12 月 31 日，日本丰田在巴西的申请量最大，相比其他企业遥遥领先，中国企业在巴西申请量为零（见图 5 – 20）。

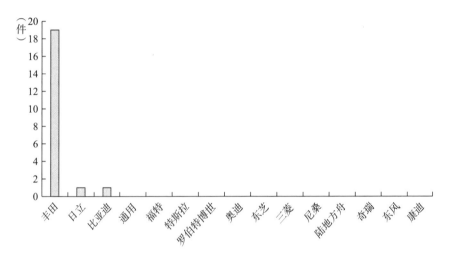

图 5 – 20　主要企业/研究机构在巴西申请量

五　结论与对策

2015 年，中国超过美国成为全球最大的新能源汽车生产和销售国。从产业规模和市场化程度来看，中国已经是全球新能源汽车的引领者。2016 年 12 月 19 日，国务院发布《"十三五"国家战略性新兴产业发展规划》，其中确立的八项任务之一是"推动新能源汽车、新能源和节能环保产业快速壮大，构建可持续发展新模式"。从技术实力看，中国新能源汽车领域的技术发展仍与国际先进水平存在明显差距，来自国际市场的竞争和压力仍然巨大。中国新能源汽车技术与全球其他新能源汽车国家相比，还存在哪些差距？如何弥补存在的差距进而提升新能源汽车产业的国际竞争力？

通过专利申请检索分析，我们的研究得出如下几点结论。

其一，从新能源汽车技术专利申请量变化情况看，中国新能源汽车技术专利申请量呈现持续增长态势，市场潜力巨大。2006～2015年，从公开的中国新能源汽车专利申请总量看，中国和美国的申请总量均较大，且数量非常接近，这反映出中国和美国的新能源汽车市场巨大。从各国专利申请量的年度变化趋势看，中国和美国在2010年前后总体上呈现较为明显的增长。

其二，从新能源汽车技术专利的全球布局情况看，中国新能源汽车技术专利在美国、德国、日本的申请量之和与美、德、日等发达国家相比，相差悬殊。从新能源汽车技术专利对外PCT申请情况看，日本遥遥领先，中国则与日、美、德三国有明显差距。这表明，相对于国内庞大的专利申请量而言，中国新能源汽车技术的对外专利申请量和布局严重不足。

其三，从全球主要国别市场的新能源汽车技术专利对比情况看，无论是直接在目标国申请专利还是通过PCT申请，日本在海外的专利申请表现出强劲的实力：一方面，日本在美国的直接申请量大大超过美国本国；另一方面，日本对美、对德的PCT申请量均遥遥领先于其他国家。中国在美国、德国的直接申请量和PCT申请量均很低。

中国新能源汽车技术要进一步提升国际竞争力，仍需要在几个方面做出努力。

第一，瞄准国际水平，不断提升中国新能源汽车技术创新能力和自主知识产权布局水平。通过财税、金融、人才引进、产学研合作等政策支持新能源汽车企业开展有效的研发创新活动，加快新能源汽车技术创新，建立健全专利创新风险分担和保险机制，提升研发效率，加强示范效应，加速标准化进程。努力提升单体电池的均一性、稳定性、一致性及安全性（陈祎淼，2016），提高电池隔膜、正极材料等关键元器件领域本国专利申请人的集中度，提升电池系统集成等领域的技术水平和自主知识产权专利布局，增强国产关键零部件的性能，增强大规模生产工艺设计、生产过程质量和成本控制，强化电机、电控等核心技术领域的研发、应用和自主知识产权布局。

第二，强调知识产权在新能源汽车行业发展中的核心和基础作用，确立和运用国家层面的新能源汽车发展的行业知识产权战略。一是，要结合《"十三五"国家战略性新兴产业发展规划》的总体部署，构建以知识产权作为杠杆，撬动新能源汽车技术发展的专利申请、品牌商标建立、激励机制、资本投入、标准制定、规则运用、知识产权增值、成果转移转化等一系列成体系的研发、示范、部署和市场化环节的知识产权战略安排，推进知识产权政策与创新、财政、金融、产业、贸易等政策措施的衔接和联动；二是，通过知识产权培训、知识产权预警信息和法律服务、政策引导等多种手段，增强全行业企业和研发机构的知识产权战略意识、避免新能源汽车关键技术领域的重复建设、低水平竞争，提升对国内外知识产权运营经验模式的学习，优化专利运营相关的资源配置，提升企业和研发机构运用知识产权实现价值创造的能力。

第三，实施新能源汽车企业海外知识产权战略。一是，应充分了解国外主要新能源汽车区域市场的情况，加快海外知识产权布局。鼓励具备自主优势新能源汽车技术专利的企业结合国外目标区域市场情况和政策法律环境，有步骤、有计划地开展在海外目标区域的基本专利申请，支持企业加快储备标准必要专利及应用，增强我国优势企业尽早在海外目标区域及整个海外市场战略性布局专利的意识和能力。二是，扶持并建立健全新能源汽车企业"走出去"过程中的国际化专利服务机构，发挥专利服务机构联通海内外的功能，提升该类机构在专利预警、诉讼、合作、运营、申请布局、风险防范等一系列领域的服务水平和专业化程度。

第四，探索利用开放专利模式，实现专利增值。当前，全球新能源汽车发展还普遍面临诸多关键技术亟待突破等问题。为此，国外新能源汽车行业的领航企业（如特斯拉、丰田、福特等）纷纷采用公开专利的运营模式，试图吸纳更多的创新者通过共享和运用已有技术，共同突破新能源汽车发展中的技术难题，并同时达到从技术端出发率先抢占行业和市场先机的效果。中国新能源车企有必要深入分析这类公开共享专利模式的运营特点，汲取这些企业通过这种专利运营模式盘活专利资产，进而实现专利价值的经验，并通过结合自身需求和战略规划，总结和评估该类模式的可介入性和自主运用该类模式的可行性，努力探索出适合自身发展的、开放共享的知识产权运营模式。

下　篇

促进低碳技术创新的政策环境研究

第六章 中国低碳技术创新和产业化发展概述

一 中国低碳技术创新和产业化发展面临的挑战

"十二五"期间，中国在低碳技术研发、推广和示范方面已经取得了一定的成绩，但仍面临诸多挑战。

（一）中国低碳领域核心技术缺位

目前，核心技术缺位已经成为中国新能源产业发展的短板。近年来，虽然中国在新能源的开发上小有成果，但是相比西方先进国家，我们的差距还是比较明显的，有些技术根本达不到国际标准水平。比如光伏发电中硅的提炼，中国的技术水平根本达不到，所以有些原材料必须依靠进口；在风力发电上，中国变流器中的核心器件 IGBT 基本依赖进口，风电机组轴承尤其是大轴承领域与国外有较大差距。核心技术缺位直接导致了中国新能源产业在价格上缺乏竞争力，所以新能源的市场根本没有得到完善，这从一定程度上也阻碍了中国新能源的发展。

（二）中国低碳技术创新主体缺乏竞争力

企业作为低碳创新的主要力量，肩负着一国低碳技术创新的重任。但是，中国低碳技术创新企业与国外企业存在明显差距。从国家知识产权局最新的专利统计数据来看，2012 年和 2013 年，在中国新能源产业发明专利授权量前二十位的申请人中，高校和国外企业占据多数席位（2012 年 13 家，2013 年 11 家），国内企业和科研单位占据相对较少的席位（2012 年 7 家，2013 年 9 家）。再从排名靠前的十个企业来看，虽然国内企业的数量比国外企业的数量多，但国内企业的发明专利授权量低于国外企业的发明专利授权量。

（三）中国低碳技术创新环境缺乏系统支撑性

已有的创新政策对低碳技术创新主体的激励效果不佳，而市场追求短期利益的恶性竞争情形却在不断加剧。这导致中国拥有优势资源的国有企业没有足够的动力搞研发，而欠缺优势资源的民营企业也只能为生存而被迫放弃研发转向技术引进和低价竞争。最终的局面是越来越多的民营企业纷纷盲目、无序地引进低碳技术，进而导致国内低碳行业产能过剩，生产的低碳产品质量和安全无法得到保障。不仅如此，这种盲目的价格战带来的低价产品进入国际市场又招致他国单方面对中国相关产品采取报复性贸易救济措施，课征高额的反倾销税。长此以往，中国企业的低碳技术竞争力每况愈下。

（四）中国低碳技术创新的资金和人才投入不足，效率有待提高

一方面，中国政府财政对低碳技术创新主体的支持存在两方面的不足。其一，支持对象不平衡，大部分的财政支持往往都投

入到了国有企业或国有研发机构中，而民间机构和企业获得的支持缺乏力度且较为零散。其二，支持机制不健全，大部分财政支持给予国有企业，但缺乏对财政支持相配套的激励和监督机制，使得政府资金无法达到最优的使用效果。另一方面，中国低碳创新的人才短缺，这种短缺并不主要体现在数量上，而是突出反映在质量上，比如研发人员技能经验上的差距、管理人员低碳创新思维上的不足、企业负责人立足长远的低碳创新战略管控能力上的缺乏。

（五）中国低碳技术创新从技术引进中受益较小

从发达国家低碳技术发展史看，技术引进本身即是其技术发展壮大的主要源泉。然而，国外的技术封锁和中国国内技术水平方面长期积累的差距等因素，使中国目前的低碳技术引进主要是简单设备和工程服务的引进。中国大多数企业并未从该类技术的引进中获得对技术创新至关重要的技术诀窍，也并未显著增强中国低碳技术消化、吸收和再创新的能力。

二　中国促进低碳技术创新和产业化的政策现状

（一）相关战略

《国家中长期科学和技术发展规划纲要（2006～2020年）》（以下简称《中长期科技规划纲要》）是中国科技政策方面的最高指导性文件，内容涉及中国低碳技术发展、交通运输发展等方面的具体措施，如发展新能源汽车，等等。

2007年6月，首个官方性质的气候变化问题政策文件——《中国应对气候变化国家方案》出台，以科技进步和技术创新为重点。文件强调了技术在解决气候变化问题中发挥的关键作用，因此要不断加强国际技术合作与转让，加快建立高效的技术合作机制，着力解决阻碍技术合作发展的政策、体制、程序、资金、知识产权保护等方面的问题，同时提供激励措施，促进技术合作和转让。此外还提出通过建立国际技术合作基金保证环境友好型技术在广大发展中国家得到推广。《中国应对气候变化国家方案》有助于《中长期科技规划纲要》和《气候变化国家方案》的落实，有助于全面提高国家应对气候变化的科技能力。同年，科技部、国家发改委等14个部委联合发布了《中国应对气候变化科技专项行动》（以下简称《专项行动》）。《专项行动》继承了《中国应对气候变化国家方案》中的相关精神，是中国政府应对气候变化的关键性行动纲领。文件中部署的专项行动的重点是有关控制温室气体排放以及减缓气候变化的技术的开发方面，具体来说有：节能与提高能效技术、可再生能源和新能源技术、二氧化碳捕集与封存技术等。《专项行动》中明确指出要通过加强国际科技合作、促进国际技术转让等方式利用全球资源，制定有关气候变化的双边或多边政府合作协议，从国际科技合作的层面解决气候变化相关问题。《专项行动》文件中的举措将有力推进中国与国际社会一同建立有效的技术转让机制，以获得大量买得起、用得上的先进技术，促进引进消化吸收再创新。

2009年，工业和信息化部、科技部、财政部、税务总局等联合印发了《国家产业技术政策》，文件的中心内容是推进中国的工业化和信息化进程，提升产业自主创新能力，加快完成产业结构优化升级。其中第二条指出要尽快淘汰高消耗、高污染的技术以及落后产业，代之以循环经济、节约型产业结构和消费结构。第十一条进一步指出，企业应主动制定可持续发展战略。文件的核心内容是鼓励发展以循环经济、可持续发展战略为中心的节能、环保、新能源开发、可再生资源及资源综合利用技术的开发和利用，包括相关的政府采购。

2011 年，中国政府发布的《中华人民共和国国民经济和社会发展第十二个五年规划纲要》（以下简称"'十二五'规划纲要"）对"应对气候变化"问题进行了详细阐述。"十二五"规划纲要强调，要坚持减缓和适应气候变化，重视技术进步的关键作用，完善体制机制，进行政策体系创新，不断提升应对气候变化的能力。在国际合作方面，中国坚持"共同但有区别的责任"原则，在此基础上积极参加国际谈判和相关会议，致力于建立公平合理的全球性制度。文件强调，要加强气候变化领域的国际交流，如开展战略政策对话、在具体技术合作方面开展务实合作、建立并维护国际合作平台以及管理制度等。为解决发展中国家气候变化问题，要注意为其提供特别帮助，如"研究低碳技术转移及知识产权保护战略"以及"加强南南合作"等。同年，科技部、国家发改委、财政部、教育部、中国科学院、中国工程院、国家自然科学基金委员会、中国科学技术协会、国家国防科技工业局等单位共同制定了《国家"十二五"科学和技术发展规划》（以下简称"'十二五'科技发展规划"），该文件确立了"十二五"期间国家的战略性新兴产业，如新一代信息技术、高端装备制造等。文件提出要集中优势力量发展战略性新兴产业。在具体措施方面，通过启动"科技伙伴计划"等项目发展对外援助的新形式，探索"南南合作"模式的创新。"十二五"科技发展规划是中国第一部应对气候变化科技发展的专项规划，是中国利用科技手段应对气候变化问题的指导性文件。

2011 年，国家知识产权局、国家发改委、科技部、工业和信息化部、农业部、商务部、国家工商行政管理总局、国家质量监督检验检疫总局、国家版权局和国家林业局等十部委共同制定并公布了《国家知识产权事业发展"十二五"规划》，以应对全球资源紧张、市场竞争激烈、气候变化问题突出的严峻形势。同年，国家知识产权局发布了《专利审查工作"十二五"规划（2011—2015 年）》，特别提出要设立专利审查绿色通道，支持绿色技术、战略性新兴产业核心技术，以推进低碳产业发展。

2014 年起，国家发改委开始进行《国家重点推广的低碳技术目录》（第一批、第二批）的制定工作，这对贯彻落实"十二五"规划纲要和《"十二五"控制温室气体排放工作方案》有重要意义，有助于加快低碳技术的普及，实现 2020 年中国控制温室气体行动的目标。

2015 年，"十三五"规划纲要指明要健全统计核算、评价考核和责任追究制度，加快碳排放标准体系的建立和完善，推动低碳技术和产品的应用。

2016 年，国务院印发《国家创新驱动发展战略纲要》，文件的中心内容围绕知识产权展开，文件提出要把发展安全清洁高效的现代能源技术、推动能源生产和消费革命作为一项长期的战略性任务，不断优化能源结构、提升能源利用效率。在传统能源方面，开发化石能源的清洁高效利用技术，探索深海、深地等复杂条件下的资源勘探、开采技术。对于核能、太阳能、风能等清洁能源和新能源，要加快进行研发、装备研制，并进行大规模的推广，集中力量攻克储能和并网等核心技术难关。

2016 年，国家发改委、国家能源局先后公布了《能源技术革命创新行动计划（2016～2030 年）》《能源技术革命重点创新行动路线图》两个文件，这两个文件的核心内容是应对气候变化、解决日益严重的环境问题，以实现经济社会健康、可持续发展。

（二）相关法律

目前，中国促进低碳技术创新的规定主要体现在《中华人民共和国科学技术进步法》《中华人民共和国循环经济促进法》《中华人民共和国可再生能源法（修正案）》《中华人民共和国环境保护法（修正案）》《中华人民共和国专利法》当中。例如，《中华人民共和国循环经济促进法》规定，国家将采取以下措施促进低碳技术发展：①制定规划将资源集中投入技术研究与开发中，特别是在能源和环境基础技术方面加强投入；②加快建立促进新技术利用相关标准和准入机制及相关机构；③制定新技术在市场初始阶段的培育政策，采取政府采购、价格补贴和市场倾斜等手段；④加强国际合作，适时引进成熟的先进技术，通过再创新使其适应中国市场。

在科技法方面，中国于 1993 年制定了《中华人民共和国科学技术进步法》。1996 年制定的《中华人民共和国促进科技成果转化法》提出，要通过提高技术水平、合理开发资源等方式保护环境，鼓励采用先进技术和工艺。其他科技方面的法律、法规、政策文件还包括《中华人民共和国科学技术进步法（2007 年修订）》《中华人民共和国促进科技成果转化法（2015 年修订）》《实施〈中华人民共和国促进科技成果转化法〉若干规定》《深化科技体制改革实施方案》《国务院办公厅关于印发〈促进科技成果转移转化行动方案〉的通知》等。

在知识产权法律方面，1985 年 3 月，中国成为《保护工业产权巴黎公约》成员国。1984 年 3 月 12 日，第六届全国人大第四次会议审议通过了《中华人民共和国专利法》（以下简称《专利法》）。1985 年 4 月 1 日，中国正式实施《专利法》。随着经济体制改革的推进和全球化趋势的演进，全国人大常委会分别于 1992 年、2000

年、2008 年对《专利法》进行了三次修订。目前，新一轮《专利法》修订正在公开向社会征求意见。《专利法》的制定和实施激励了更多的优秀人才投入技术创新活动中，同时保护了国外的技术专利，促进了国外先进技术的引进，意义重大。

《中华人民共和国知识产权法》的核心内容是确立产权，为技术转让提供了法律基础。《专利审查指南（2010）》① 是由中国知识产权局制定的，该文件细化了环保技术专利授权的要求，该文件第 3.2.2 款与"显著进步性"判断有关的规定指出，"发明与现有技术相比具有更好的技术效果，例如，质量改善、产量提高、节约能源、防治环境污染等"；第 3.1.3 款对"妨害公共利益的发明创造"的定义是"发明创造的实施或使用会严重污染环境、严重浪费能源或资源、破坏生态平衡、危害公众健康的，不能被授予专利权"，这两个条款明确了应对气候变化的专利授权要求。

在反垄断法律方面，《中华人民共和国反垄断法》并没有明确对技术垄断作出规定，第 55 条仅以针对"知识产权垄断"作了原则性的规定，"经营者依照有关知识产权的法律、行政法规规定行使知识产权的行为，不适用本法；但是，经营者滥用知识产权，排除、限制竞争的行为，适用本法。"这项规定在实践中并没有很大意义。基于此，国家工商行政管理总局已经起草了《关于滥用知识产权的反垄断执法指南》，将知识产权领域反垄断定义为主要是反对"利用知识产权排除、限制相关市场竞争"。而违法情形包括：禁止歧视性地拒绝许可；禁止违背他人意愿附加条件；禁止经营者间协议串谋。重点审查是否限制竞争。

在环境法律方面，《中华人民共和国水污染防治法》《中华人

---

① 2014 年，国家知识产权局审议通过了《国家知识产权局关于修改〈专利审查指南〉的决定》，自 2014 年 5 月 1 日起施行。其改动不涉及上述环保条款。

民共和国大气污染防治法》《中华人民共和国固体废物污染环境防治法》等均涉及技术引进及法律责任相关内容，规定了由国务院经济综合主管部门与其他相关部门一同公布限期禁止采用的工艺目录、禁止进口的设备目录等；关于环境技术引进，应由环境保护主管部门会同有关部门制定鼓励引进的项目、限制引进的项目及禁止引进大型项目。新修订的《中华人民共和国环境保护法》（自 2015 年 1 月 1 日起施行），明确指出"保护环境是国家的基本国策""环境保护坚持保护优先、预防为主、综合治理、公众参与、污染者担责的原则。"将"推进生态文明建设，促进经济社会可持续发展"纳入立法目的并指出"国家支持环境保护科学技术的研究、开发和应用，鼓励环境保护产业发展，促进环境保护信息化建设，提高环境保护科学技术水平。"第 46 条明确规定："国家对严重污染环境的工艺、设备和产品实行淘汰制度。任何单位和个人不得生产、销售或者转移、使用严重污染环境的工艺、设备和产品。禁止引进不符合中国环境保护规定的技术、设备、材料和产品。"

（三）相关财税政策

在税收方面，中国目前没有促进低碳经济发展和技术创新的独立税种。但现行税制中有一系列旨在环境保护、节能减排的税收措施，这些措施一定程度上限制了污染，客观上有利于保护环境，更重要的是形成了促进低碳经济发展的政策导向。

资源税。中国规定对原油、天然气、煤炭等会产生温室气体的化石燃料征收资源税，但在实施中仍存在一定问题，如单位税额过低，造成资源的过度使用。如果采用从量计征的方法，就不能体现资源价格的涨跌，且会导致征收资源税的目标无法实现。

消费税。中国对汽车、游艇、摩托车等高能耗、高排放的产品课征高额消费税，反映了限制污染、保护环境的税收导向；2009 年开始实施的燃油税改革通过理顺成品油价格关系，发挥了价税调节供求的作用。但是电池、氟利昂、煤炭等高污染消费商品并未纳入课税范围。

车船税。2007 年起，中国政府进行了车船使用税、车船使用牌照税改革，调节了对车船税的征收额度，有一定的积极意义，同时也存在一些不足。例如，现行的车船税的征收依据是车船的吨位数或固定税额，不能充分发挥限制污染、促进减排的作用。

车辆购置税。自 2001 年起，中国将车辆购置费改为车辆购置税，税率为 10%，以加强对车辆的调节，进而减少尾气排放。2009～2010 年，中国对排量 1.6 升以下的乘用车实行优惠税率政策，鼓励消费者购买小排量车。

企业所得税。企业所得税方面的重点是对符合一定条件的环境保护、节能节水项目企业减少甚至是免予征收所得税；按 90% 的比例减计综合利用资源、生产符合国家产业政策规定的产品所取得的收入；企业用于环境保护、节能节水等专用设备投资额的 10% 抵免应纳税款政策。

税收激励政策主要包括两个方面：对新能源汽车生产企业的税收激励和对消费者的税收激励。在企业方面，对践行节能环保理念的汽车生产企业，政府对其进行一定幅度的税收减免优惠，具体来说，包括对其生产活动以加速折旧计算、征收增值税、实施所得税减免等。在消费者方面，政府采取的措施有向消费者提供一次性购车补助，降低、全免新能源汽车购置税或实施差别购置税；开征燃油税；实施差别车辆税；加大政府对节能环保汽车的强制性采购等。

在税收政策方面，目前中国政府征收的与气候变化相关的税种，主要是资源税和燃油消费税。此外通过进口税的征收进行调节，如降低和减免资源类产品和部分环保设备的进口关税。与节能减排相关的税收优惠主要有增值税、营业税、所得税优惠，这些税种针对不同的对象。在收费政策方面，应对气候变化和节能减排相关的收费政策主要是排污费和矿产资源补偿费。

国家发改委和财政部联合出台了《节能产品政府采购实施意见》和"节能产品政府采购清单"，文件要求国家机关、事业单位进行采购时，应优先考虑采购清单中的环保产品。与此相对应，国务院颁布的《建立节能产品强制性政府采购制度的通知》中明确规定了在产品达到采购要求的前提条件下，政府应当优先采购节能产品，而对节能效果显著、性能好的部分产品，则实施强制性采购。

（四）相关低碳产业政策

中国低碳产业政策主要由三个部分组成，即机构政策、产业组织政策和产业布局政策。《国务院关于加快培育和发展战略性新兴产业的决定》将节能、新能源、新能源汽车产业作为战略性新兴产业的重点领域和发展方向。《中华人民共和国可再生能源法》标志着中国可再生能源发展进入了新的阶段。之后颁布的《中华人民共和国节约能源法》与《中华人民共和国可再生能源法》共同构成了一个初步的法律体系。以资源节约为核心内容的法律法规、规范性文件一定程度上促进了低碳产业的发展。目前低碳产业政策的主要问题是具体配套措施较少，可操作性不强，没有形成完整的体系。

（五）相关知识产权政策

党的十八届三中全会明确提出了要加强对知识产权的运用和保护，这是中央文件首次提到知识产权相关内容，反映了知识产权运用对中国经济和产业发展、国际竞争力的提升的关键性作用。中国坚持贯彻落实《国家知识产权战略纲要》，目前已初见成效：培育了 368 家知识产权运用示范企业，对创新创业起到了示范作用；在电动汽车、数控机床、节能环保等新兴领域初步建立了标准化体系，其中 TD – LTE – Advanced 成为第四代移动通信国际标准就是一个有代表性的例证，这一成就显著提高了中国产业的国际竞争力和规则主导力。同时，中国制造业的创新发展、知识产权政策实施仍然有待解决的问题，主要表现在以下几个方面：一是技术创新能力有待提高，部分关键核心技术、装备等仍需依赖进口。中国大中型工业企业研发投入占主营业务收入比重不足 1%，而主要发达国家的同一指标基本在 2.5% 以上。二是创新资源重复、分散现象并存，创新载体分散、重复建设，创新资源配置的重复浪费现象严重，创新过程中的"孤岛现象"十分普遍，没有形成创新合力。三是科技创新对产业的支撑不足，产业协同创新能力不足，产、学、研用脱节，科技成果转化率较低。四是知识产权和标准等创新竞争工具的应用不充分。扭转这一局面的根本方法在于抓住创新驱动这个关键点，切实增强产业创新能力。

（六）相关的对外科技合作政策

中国与日本于 1998 年 11 月签订了《中华人民共和国政府与日本国政府面向 二十一世纪环境合作联合公报》。为加强污染治理、生态保护等方面的协作，双方于 2007 年、2008 年共同发表了《中华人民共和国政府与日本国政府关于进一步加强环境保护合作的联合声明》《中华人民共和国政府与日本国政府关于气候变化的联合声明》。此外，两国政府还通过开展环境科技合作项目的方式进行合作，如开展技术研发、合作研究、人才培训、民间技术交流等。

三　中国促进低碳技术创新和产业化发展中的政策问题

（一）缺乏足够且有效的法规用以保障低碳技术发展战略的实施

总体来看，为了发展低碳经济，中国政府出台了一系列法律法规以及相关规范性文件，取得了良好的效果。同时，促进低碳经济发展的政策法律尚未形成体系，有诸多空白，导致低碳技术创新与应用缺乏有效的法律支撑，不能满足现实需求。

首先，法律文件没有明确说明低碳技术的地位和创新的重要性，仅在综合性的法律法规或标准中提到了低碳技术。例如，在《中华人民共和国环境法》中缺乏对低碳技术创新的规定。在能源法范畴，虽然有很多立法提到了低碳技术创新的概念，但过于笼统，缺乏可操作性。具体表现在未涉及二氧化碳排放问题、未提及对气候变化的影响，或过于简单，等等。如《中华人民共和国煤炭法》第三十六规定："国家发展和推广洁净煤技术"，但缺乏对具体措施的表述。《中华人民共和国可再生能源法》《中华人民共和国节约能源法》《中华人民共和国循环经济法》等虽有对可再生能源技术、节能技术、资源再利用技术的相关规定，但缺乏系统性，对低碳技术的发展的推动效果有限。具体来说，中国在风能、海洋能等资源技术开发的应用领域没有专门立法，也缺少低碳技术创新与应用的不同阶段和不同环节相应的规定。

其次，低碳技术创新领域目前没有一个统一的行业标准，也没有制定标准或规定标准差异化的法律文件。

最后，低碳技术创新领域的相关法律文件与其他领域的规定缺乏相互协调和融合，导致实践中遇到各种问题。

（二）促进低碳技术发展的政策与法律衔接不足

自 2007 年起，中国政府开始着手采取一系列措施应对气候变化问题，其中最重要的举措之一就是颁布多项针对性的政策，即政策先行。但中国至今尚未出台国家气候变化法。

这种方法能够灵活地适应国际国内具体情况，但也有缺点，就是其在法律效力上不如立法。此外，已有的法律法规不足以满足低碳技术转让实践的需要。相关政策通过制定单项的财政、税收、金融类的特别措施，促进了低碳技术的实施，但法律层面的回应则远远落后于政策。可以说，该领域的立法工作已经滞后于政策和实践发展。

即将颁布或者修改的法律法规也未能充分反映促进低碳技术转让的需求。这种立法工作的滞后也体现在了 2010 年中国风电设备补贴措施被诉至 WTO 争端解决机制的事件中。政策不能代替立法，政策和法律之间需要相互协调、共同进步。

（三）财税政策支持低碳技术发展的作用有待提升

中国对可再生能源企业税负的减免优惠主要通过低关税、低企业所得税、低增值税（6%）、可再生能源企业的税负等方式实现。总体来说，新能源相关的税收优惠政策和措施较少，配套措施不完善。具体表现为以下几点：其一，中国缺乏系统的碳税制度，国家对低碳技术、节能减排技术的投入不足，这也间接导致了淘汰高耗能技术的成效不显著。其二，对新能源产业和技术发展的税收鼓励较少，主要方式有增值税、关税、企业所得税的税收政策优惠，在土地增值税、土地使用税等方面有待探索。其三，相关税收优惠政策的适用范围不明确。具体来说，目前针对新能源的税收优惠总数有限，新能源评定机制的缺失又造成了很多新能源企业不能享受税收优惠政策。

　　税收优惠政策实施效果不尽如人意。税收优惠政策的目的是支持新能源企业发展，但实际情况与初衷相悖。以增值税优惠为例，中国的做法是选择其中一小部分新能源产品给予一定的税收优惠，其他新能源产品税负仍然较重。现有税收政策在某些情况下甚至加重了新能源企业税负。例如，风电和光伏发电等新能源发电的主要成本是初始设备和财务费用，可抵扣的增值税的进项税额少。这样算下来，新能源发电企业的实际税负要高于部分传统能源行业。

　　税收优惠政策缺乏整体规划，这与中国新能源产业的税收政策未能形成体系有关。从产业链来看，针对上、下游产业的税收政策相对较少。从生产环节来说，税收政策没有覆盖各个环节。从支持领域来看，与核能、水电产业相关的税收优惠政策较少。税收优惠政策缺乏整体规划一定程度上造成了新能源产业结构不协调。

　　基础研发方面的财政投入不足以及缺乏事前规划，是制约中国新能源产业自主创新的重要因素。例如，光伏产业中，由于地方政府相互竞争，政府财政补贴侧重增加光伏企业的生产投资与规模扩张，造成的结果是企业盲目建设、低水平扩张，反而忽视了技术与管理创新，造成资源的浪费。这种做法也影响了银行的投资倾向。财政补贴政策一般来说能够引导社会资金对低碳技术的投资。而信用与担保机制的不健全导致银行侧重于投资有官方背景的企业，无形中提高了中小企业的融资成本。

　　低碳政府采购政策约束力不强，减排成效有限。例如，中国《中华人民共和国政府采购法》对绿色采购的具体措施和实施并未进行详细说明，也缺乏有针对性的法律文件。目前各地政府绿色采购的时间、采购部门、采购水平差异很大，对促进中国低碳技术的发展作用有限。

（四）知识产权和标准政策对促进低碳技术发展的激励功能有限

现有的关于低碳技术传播的规定与知识产权方面的立法不匹配。为保护中国绿色技术专利的国际化，切实提升产业竞争力，中国将与知识产权保护的相关立法与国际接轨。但与发达国家相比，中国的绿色知识产权法律还未形成完整体系，缺少绿色专利发展方面的法律法规，立法工作滞后于实践。

与传统专利制度不同，绿色专利与新兴的经济模式密切相关，因此以往的法律法规不完全适用于该领域。立法部门已经注意到了这一点，多次修改《中华人民共和国专利法》，并取得了一定成效。目前存在的问题是绿色专利的定位仍然不明晰、专利法内容不成体系。例如《中华人民共和国专利法》第 22 条对环境保护标准的界定不明确，因此在实际实施中效果有限。此外，关于专利信息披露、专利新颖性宽限期、专利实验性使用例外等方面的规定尚不完善。在近年的修改过程中，与低碳发展相关的内容并没有成为重点。这与低碳技术发展的趋势相悖，不符合应对绿色技术发展的需求。此外，中国的商业秘密保护立法方面的导向也重在保护而轻视技术的传播。

中国缺失明确标准，因此未能有效阻却高碳技术进入专利领域，一些高碳技术能够通过正常途径获得专利保护，造成的结果是落后产能和技术获得了合法保护。在已经授权的专利方面，缺乏专门的碳排放标准导致指标的衡量标准不统一。

中国现行发明专利的审查周期较长。据悉，中国发明专利的实质审查周期平均时长为 25.8 个月。如果考虑到专利申请受理日、公开日与提出实质审查申请日之间的间隔，发明专利申请的周期至少有 3 年。在专利申请、审查、授权条件、保护、运用和管理等方面，中国目前还没有针对低碳发展制定相应的专利政策，政策性激励不足。

中国现有的专利政策并没有充分发挥出对促进和激励低碳技术的作用。与产能性投入相比，低碳技术产业的专利效益不高。根据美国皮尤研究中心的报告，尽管中国 2009 年在清洁能源领域投资超过 346 亿美元，但由于国外高端技术的封锁与中国技术吸收能力的不足，这些资金投入仅成为产能性的投入，没有解决低碳技术发展的瓶颈问题。风电领域的例子就说明了这一点。中国的风电装机容量位居世界第二位，但风电机组控制系统等核心关键技术方面仍长期依赖国外进口的状况至今并未显著改善。

（五）创新主体缺乏持续的创新动力

低碳技术的发展需要技术创新活动，而后者需要长期投入。长期投入对企业来说是一个有挑战性的选择。由于短视和激烈的市场竞争，加之缺乏体制和机制的保障，企业往往对技术创新持消极态度，倾向于"重模仿轻超越"，停留在低层次的同类竞争层面，打价格战，而不会选择前期投入较大的技术创新。

一些低碳企业融资热情和精力远远超过进行技术创新活动本身的积极性，"技术创新"沦为他们的幌子，投融资活动演变成"圈钱"、"捞钱"行为，严重损害了投资人和信贷机构对技术创新的支持和信任，造成企业技术创新的融资环境恶化。

虽然国家已经出台了一系列促进科技成果转化的法律法规，但"产学研"结合的成果的产业化渠道还未完全打通。科研和技术创新活动与企业的短期商业利益之间没有很好地进行转化。

（六）新能源产业标准体系建设不足

行业准入、技术标准、检测标准体系建设对新能源产业的规范运营意义重大，而这正是中国新能源领域发展的短板。例如，中国风电、核电等领域都缺乏类似的通用标准。已经形成的相关的技术标准也没有形成体系，不能称其为整个行业通用的技术准则。

认识到标准体系的缺乏是新能源产业发展的重要问题，政府、相关协会、企业和研究机构以及相关的单位应当尽快制定出中国新能源的通用标准体系，为行业的健康、持续发展奠定基础。

第七章　国外促进低碳技术国际竞争力提升的政策经验

欧盟、美国和日本等发达国家和地区都经历过促进低碳技术创新的阶段，它们采取的措施有很多共同点，如都综合运用技术推动和需求拉动两种政策刺激低碳技术创新活动，并且制定了低碳技术在不同生命周期阶段所对应的特定激励政策。

一　通过总体和专项的战略布局统筹发展低碳技术

为了鼓励低碳技术发函，美国于 2006 年发布了《气候变化技术项目（CCTP）战略计划》，内容涵盖智能电网技术、节能型交通工具及建筑技术、碳处理技术等节能技术和碳排放处理技术，太阳能、风能、生物质能、地热能、氢能和核能等清洁能源和新能源技术。2008 年，布什总统在国情咨文中再次强调了科学技术创新的重要性，以及其对清洁能源的促进作用，并重申了新能源对国家能源安全和经济发展的重要意义。由于政策法规的推动，截至 2008 年底，美国风电装机总容量达 2517 万千瓦，超过德国的 2390 千瓦跃居世界第一。2008 年美国新增风电装机容量高达 835.8 万千瓦，居于世界首位。2009 年，时任总统奥巴马主持颁布了《政府的创新议程》，提出优先发展生物医药、新能源、健康信息、智能电网、交通、海洋、航天及大气领域的技术开发，并加强技术转化投入应用。2014 年 5 月，美国新任能源部部长 Ernest Moniz 主持发布了《作为经济可持续增长路径的全面能源战略》（*The All-of-the-Above Energy Strategy*①），在一定程度上调整了美国的能源战略，兼顾了美国页岩气革命和奥巴马应对气候变化的新政措施，鼓励石油和天然气领域进行环境友好型的生产。美国政府通过提升能效，进行碳捕获以及开展太阳能、其他可再生能源和核能等计划来推动低碳和零碳排放能源资源的增长。美国能源部还向外界提供大量贷款担保，并自行开展示范项目来支持清洁能源技术发展，这也降低了创新环节成本。

与美国做法类似，日本于 2006 年出台了《国家能源新战略》，它是以节能技术发展、降低石油依存度、实现能源消费多样化等为内容的新能源战略。2006 年，日本经济产业省编制了《国家新能源战略》，从六个方面将新能源战略的推进具体化，例如，提出了 2030 年前将日本的整体能源使用效率提高 30% 以上，要大力发展太阳能、风能、燃料电池以及植物燃料等可再生能源，降低对石油的依赖；推进可再生能源发电等能源项目的国际合作，等等。2008 年，日本正式提出构建低碳社会的战略构想，并出台了一系列相关的政策法规。同年 3 月，日本经济产业省制订并公布了"凉爽地球能源技术创新计划"（*Cool Earth：Innovation Energy Technology Program*），从跨多个生产部门的 250 项技术中选定天然气高效发电、燃煤高效发电、超导高效输配电等 21 项技术（又称"创新技术 21"）作为低碳技术创新的重点，将超燃烧系统技术、超时空能源利用技术、信息生活空间创新技术、交通技术、半导体元

---

① https://www.whitehouse.gov/sites/default/files/docs/aota_energy_strategy_as_a_path_to_sustainable_economic_growth.pdf

器件技术这五个方面作为重点研发对象,通过新原理、新材料、新制造流程实现技术的突破,进而进行关键技术的系统化、实用化,最终推广到更大的范围。同年 5 月,日本综合科学技术会议公布了"低碳技术计划",从国家长期战略出发,将超燃料技术、超时空能源利用技术、节能型信息生活空间创生技术、低碳型交通社会构建技术和新一代节能半导体元器件技术作为日本低碳技术创新的重点领域。日本还制定了"中短期(2008~2030 年)技术战略"和"长期(2030~2050 年)技术战略",对技术发展的优先顺序、实现时间以及开发途径等内容进行了详细部署,从国内外经验对比、组织体系、减排效果等方面进行分析,设计技术开发路线图,分阶段推进战略。同年 7 月,日本内阁通过并发布《建设低碳社会的行动计划》,该文件提出要重点发展低碳能源,推动低碳技术的开发,具体内容包括二氧化碳回收储存技术的研发等。该计划是对"福田蓝图"的细化,可以视为日本构建低碳社会的具体目标。

韩国政府也采取了一系列措施推动低碳技术开发应用。2008年韩国政府正式提出了《低碳绿色增长战略》,将低碳绿色发展上升为国家战略。同年,韩国公布了《国家能源基本计划》,文件提出以下三个目标:第一,提高资源循环率;第二,减少能源消费中化石(煤炭、石油)能源的比重;第三,扩大太阳能、风能、地热能等新能源与可再生能源在能源使用总量中的比重。2009 年 1月,韩国政府制定了《关于绿色增长委员会建立和运作的细则(总统指令)》,成立了"绿色增长策划组"专门负责这项细则的落实。同时,韩国政府公布了由政府以及三星、现代汽车等 73 家韩国大、中、小企业共同参与制定的《绿色能源技术开发战略路线图》和《新增长动力规划及发展战略》,确定了绿色技术、尖端产业融合、高附加值服务等三大领域中的 17 项新兴产业作为新的经济增长动力。文件中明确提出了要在 2010 年中期前向 26 个商业项目完成总额 1550 亿韩元的投资。韩国的大型企业将和中小企业共同在生物制药、机器人技术、脱盐设备、绿色轿车等领域进行合作，以获得政府资金支持。例如，三星公司预计成立生物技术公司，SK 能源和浦项预期进行天然气和洁净煤的开发等。2015 年 11 月，韩国产业通商资源部对外公布了"2030 新能源产业扩散战略"，该文件可视为韩国的中长期能源规划，该战略明确提出其目标是在 2030 年实现韩国纯电动汽车累计销量达到 100 万辆，并将超过 3.3 万辆的城市公交车更换为电动车。与此相对应，政府将加快配套基础设施的建设，如在电力系统中扩大储能系统（ESS：Energy Storage System）的覆盖范围等。2016 年，韩国新能源产业发展预算达 1.289 万亿韩元（约合 12.89 亿美元，未来 5 年企业投入预计将达 19 万亿韩元（约合 190 亿美元）。

2004 年德国政府出台了《国家可持续发展战略报告》，特别提出了"燃料战略——替代燃料和创新驱动方式"。"燃料战略"的主要目标是减少化石能源消耗，实现减排。"燃料战略"包含四项基本举措：优化传统发动机、合成生物燃料、开发混合动力技术和发展燃料电池。2007 年德国制定了"气候保护高技术战略"，该战略分为五期，重点解决能源效率和可再生能源相关问题，划定了 4 个重点领域和太阳能开发应用技术、能源存储技术等 4 个重点研究方向。2009 年，德国启动气候友善投资计划，提出到 2020 年达到再生能源发电占比为 25%～30%；到 2030 年将沼气占天然气使用的比重提高到 10%。德国还制定了《可再生能源供暖法》，计划到 2020 年将可再生能源供暖的比例提高到 14%。

2006 年 10 月 24 日，为实现里斯本战略，促进欧洲可持续增长，创造更多就业机会，欧洲议会和欧盟理事会通过了第 1639/2006/EC 号决定，建立"竞争力与创新框架计划"（CIP），总预算高达 36 亿欧元，于 2007~2011 年实行。CIP 的主要目标是加强欧盟竞争力和创新能力，尤其强调信息技术、环境技术和可再生能源相关技术的发展，以促进知识社会、实现以经济平衡增长。CIP 包含若干个具体的共同体计划、措施以及相互协作的计划。2007 年 3 月，欧盟公布了发展低碳经济的"三个 20% 目标"，即到 2020 年将其温室气体排放量在 1990 年基础上至少降低 20%，到 2020 年将可再生清洁能源占总能源消耗的比例提高到 20%，将煤、石油、天然气等一次性能源消费量减少 20%。

欧盟发展低碳技术的规划与设想是：追求国际领先地位，开发廉价、清洁、高效和低排放的世界级能源技术。2007 年 11 月 22 日，欧委会正式公布了《欧洲战略性能源技术发展计划》（SET—Plan），文件的重点作用是促进低碳技术的开发和应用。文件明确指出，能源技术对欧盟应对气候变化的目标、保障能源供应安全、促进欧盟公司的竞争力的目标的实现非常重要。为了支持《欧洲战略性能源技术发展计划》的实施，欧盟通过了第七个研发框架计划和"竞争力和创新框架计划"框架内的"欧洲智能能源计划"。第七个科技研发框架计划（FP7）是落实 2000 年里斯本战略的欧盟的第二个研发框架计划，其核心目标是重振里斯本战略[①]，以科技为手段为里斯本战略服务。

---

① 为加快经济改革、促进就业，欧盟 15 国领导人于 2000 年 3 月在葡萄牙首都里斯本举行特别首脑会议，达成并通过了一项关于欧盟十年经济发展的规划，即"里斯本战略"，其目标是希望通过鼓励创新、大力推动信息通信技术的应用与发展，探索面向知识经济的下一代创新，即"创新 2.0"，其目标是使欧盟在 2010 年前成为"以知识为基础的、世界上最有竞争力的经济体"。里斯本战略的核心是使欧盟成为世界上最具活力和竞争力的知识经济社会，将研发总投入提高到 GDP 的 3%（其中 2/3 由私人投资）。研究、教育和创新政策构成了里斯本战略的"知识大三角"。

二　注重运用专门的财税政策支持本国低碳技术发展

（一）陆续注入财政预算资金，确保低碳技术的稳步发展

2000 年以后，美国累计使用财政拨款额 120 亿美元用于发展碳的储存、煤的清洁、核聚变与核裂变等新能源与低碳领域的科学技术，其中，2009 年仅投资于清洁能源的资金就达到了 150 亿美元。奥巴马在任期间，2009 年与 2011 年美国政府两次将国内国民生产总值的 3% 用于相关技术的研发之中，并加大了对于具有战略意义的新兴领域的政府投资。2009 年 2 月，美国总统奥巴马签署了该财年的预算草案，每年用于太阳能、风能、生物燃料与清洁煤技术的预算将达到 150 亿美元，可以使之后 3 年美国的可再生能源产业的产能增长一倍。2009 年，时任美国能源部部长朱棣文表示，将从《复苏和再融资法案》中抽出 24 亿美元来援助碳捕获与封存的商业性开发技术。同年，奥巴马政府出台了《2009 年美国复兴与再投资法》，该法案规定在今后的十年中将投资 7287 亿美元以促进美国经济的复苏与增长。投资的重点是科研、医疗的信息化、保护环境、可再生能源领域，等等。当年 8 月，美国政府动用 24 亿元美金以补贴新能源电动车与其电池等部件的项目，成立了"清洁能源研发基金"。

2007～2012 年，日本累计投入 1.72 亿美元用于碳排放动力系统与其燃料的技术研发。2009 年 4 月，又提出了价值为 1540 亿美元的大型经济刺激计划。同年，日本政府公布了用来促进战略性的新兴领域增长的战略，该战略将持续至 2020 年，把发展的重点定在了生物医疗、新能源与信息技术等领域，计划投入国内生产总值的 4% 来支持相关研究。

在 2010～2020 年这十年中，欧盟计划投入 530 亿欧元用来研究低碳技术与其应用，其中 160 亿欧元投资于太阳能研究，70 亿欧元投资于核能的研究，60 亿欧元投资于风能的研究，130 亿欧元投资于碳捕获与封存研究，90 亿欧元投资于生物质能领域，20 亿欧元投资于电网的相关研究，可以看到在清洁能源领域的投资比重很大。

欧盟在能源技术领域的研究在低碳能源计划的作用下取得了很大的进展，在诸多能源领域处于世界领先水平。欧盟已变成了可再生能源技术领域的先行者。近年来，欧盟中光伏与风能的发电产量逐年增长，发电成本持续走低。同时，欧盟在全世界发电、配送领域也有很高的地位，拥有了碳捕获与封存的关键技术。目前，全欧洲的技术平台已经完成，第七个涉及科技领域的研究框架已经搭建，政府给予财政支持。在"欧洲聪明能源"计划中，欧盟用于能源技术研究的经费增加了 50%。

韩国于 2003 年确定了 2003～2012 年的《第二期新能源与可再生能源基本计划》，共投资 118 亿美元，用来提升韩国国内的能源自给率，同时建立了新能源与可再生能源领域的设施等。在此次投资中，太阳能、风能、燃料电池以及推进可再生能源技术走向市场化是投资重点。2008 年，韩国开始施行"绿色新政"，该新政计划在 2008～2012 年的 5 年中向绿色能源与低碳领域投资 50 万亿韩元（1 美金约折合 1150 韩元），带来 96 个工作机会，并建成 200 万座绿色住宅，这些住宅都配备了太阳能热水器。2009 年，韩国出台了《绿色研发计划及绿色 IT 国家战略》，增加了在绿色环保产业方面的投入。韩国给予在绿色低碳技术较为落后的企业一定的扶持，帮助调整符合相关标准。韩国设立了总额为 1.1 万亿韩元的中小企业专用基金与 3000 亿韩元的绿色中小企业研发与产业化专项基金用来支持中小企业的发展。同时，免除绿色存款所得利息的所得税费用，并且针对投资绿色产业占 60% 以上的 3 年期或 5 年期债券的基金给予分红收入的免税的优化，并加大对绿色领域企业的投资与融资力度。

德国始终对先进低碳技术的研究持续给予经费方面的支持。其既通过直接拨款的方式支持公立的研究所与大学展开基础领域的技术研究，又通过项目的形式，资助各种研究机构、企业、开展面向市场化需求的应用技术研究。从 2002 年起，德国在低碳技术领域的研发经费投入额保持了年均 6% 左右的增长。按照德国环境部的统计结果，2007 年开始实施的能源气候集成计划（*Integrated Energy and Climate Program*）每年已经拉动了数十亿欧元的新增项目投资。同时，德国科学界与经济界共同投资 30 亿欧元，旨在对低碳技术和环保技术领域的科学研究提供资金支持。2007 年，德国的联邦教研部与工业界分别计划用 10 年的时间先后出资 10 亿欧元投资于气候保护相关领域的技术研究。1999 年，"市场激励计划"开始施行。最早的五年计划中，每年的预算投入为 1 亿欧元。鉴于多种因素，对于可再生能源的发电厂商免收生态税是不可行的，所以德国有关部门利用这项税收的资金支持可再生能源的研究。对可再生能源发电厂的生态税金额可以由年初的预算进行估算。2005 年中，有三分之一左右的税收来源于可再生能源所生产的电力，合计 6.59 亿欧元都被应用于这项计划。"市场激励计划"旨在推广生物能技术、地热能技术、太阳能技术等。私人投资者小规模安装这些设备能够得到由联邦经济与出口控制局提供的拨款，同时，投资这些装置规模较大的，还能申请德国的复兴信贷银行提供的低息贷款优惠和部分负债清偿。

（二）采用财政补贴政策，推动低碳技术研究、推广与应用

为了将节能环保产品在市场实现推广，美国对于购买符合政府

规定的节能标准的设备进行补贴，符合标准的冰箱每台补贴 75～125 美元，每台洗衣机补贴 75 美元。

为了鼓励企业进行低碳技术创新，日本政府在 2008 年出台了关于新能源的补助金制度，对于进行节能技术改造、引进节能环保设备等 60 项节能与新能源的项目予以总投资额的三分之一到二分之一的资金补助（一般情况下，项目资助的上限不超过 5 亿日元，规模较大的项目上限不超过 l5 亿日元）。2010 年，日本经济产业省推行了"低碳型创造就业产业补助金"制度，将每年补助金额由 300 亿日元上调到 1000 亿日元，以增加低碳技术产业的就业机会。

德国针对有利于低碳产业发展的生产者和其经济行为给予一定的补贴，以推动低碳产业发展。2012～2014 年德国政府给予购买电动车的消费者 3000～5000 欧元的补助。同时，为了促进低碳发电技术发展，2002 年 4 月生效的《热电联产法》规定了凡是通过热电联产技术得到的电能都将获得补贴，比如，2005 年底通过热电联产设备得到的电能，每千瓦的电能可获得 1.65 欧分的补贴。德国的目标是在 2020 年可以将热电联产技术的供电比例增加一倍。此外，不同类型的各种补贴还能够累加，这样就更加调动了企业低碳产业的积极性，有助于提高新能源与可再生能源利用率。德国政府经济与技术部和德国复兴信贷银行联合设立一项特别基金，旨在为中小型企业提供信息支持与资金支持，促进中小型企业逐步提高能效。这个项目分为两个部分，分别是方案部分与资金部分。方案部分指的是，政府会为中小企业提供专门款项用以寻求提高企业能效的专业咨询意见。政府可以帮助中小型企业克服信息不足的问题，使中小型企业反思自己在节能环保方面的薄弱环节和发展潜力。相关部门提供的咨询方案是深入的方案，比如进行深入的节能环保指标分析以得到全面系统的战略性节能方案。

资助拨款的上限为 800 欧元的日常费用。而最多百分之六十的日常费用能够使用这项拨款（每日上限为 480 欧元），故总拨款额度最高为 4800 欧元（此金额包括了评估费用，最高可达 8000 欧元）。而资金部分则是给中小型企业的节能措施提供低息贷款的优惠。

欧盟对于对高排放量、高能耗企业进行征税，同时对低碳产业和有关经济行为给予补贴。欧盟的各成员国中，低碳补贴主要有两种类型：第一种是直接给予购买可再生能源设备与节能环保设施的普通消费者的折扣或补贴；第二种是对低碳能源的生产部门给予补贴。

（三）积极施行绿色政府采购战略，推动低碳技术产品的市场推广和应用

20 世纪 30 年代，美国出台了《联邦政府采购法》，这个法案中给出了绿色采购的具体标准及相关规定，同时通过联邦法令与总统行政令的方式作为法律基础，以促进绿色采购。本法案的第 23 章强调，目前主要依靠联邦法令和总统行政令作为促进政府进行绿色采购的法律基础。美国倡导政府优先进行购买，同时规定大多数的州政府都必须优先购买可再生资源的材料，对于不按照有关规定执行的行为会处以罚金，通过这种方式，开拓可再生资源产业的市场，并推动新能源的研究与开发以及资源的再循环利用。

日本于 2000 年颁布了《绿色采购法》，旨在推动低碳消费模式的形成。该文件的主要内容是鼓励绿色环保产品的应用，具体方法是评估产品对环境的影响，转变人们的消费理念，引导人们进行绿色消费。有利于可持续发展、减少环境负荷的产品或有类似特征的产品，政府均会推荐。日本环境省在实践中引导社会力量参与，组织、鼓励民间组织参与《绿色采购实施指南》和绿色

采购绩效分析评价系统的制作、建设。这一举措有利于绿色采购、绿色消费活动的社会推广。

2008 年，欧盟颁布了《可持续生产和消费行动计划》【COM（2008）397】，为在欧盟范围内推行绿色采购提供了政策性框架。同年，欧盟制定了《绿色采购：为了一个更好的环境》【COM（2008）400】。至今，欧盟成员国中大部分（成员国中的 22 个）国家都公布了绿色采购国家行动计划或可持续性公共采购国家行动计划（NAPs）。根据采购情况或产品及服务类型，不同国家分别设定了各自的绿色采购或可持续性采购目标；并依据获得的生命周期评价等数据规定了标准体系。特别机构会对标准体系进行定期检查，以保证标准体系能够适应现实需要。在绿色采购对象方面，欧盟采用目录形式发布相关产品和服务。截至 2013 年 9 月，欧盟委员会公布的产品和服务类别共有 18 个。

（四）实施优惠的税收政策，促进低碳技术创新

美国积极运用税收优惠政策支持战略性新兴产业发展。作为世界上碳排放量最大的国家，美国早在 1978 年就出台了《能源税收法》，对购买太阳能和风能能源设备所付金额以及开发利用太阳能等可再生资源发电技术投资总额予以抵免。与 20 世纪 70 年代相比，美国现如今二氧化碳的排放量比之前减少了 99%。1992 年，美国《能源政策法案》规定了可再生能源的生产税收抵免（The Production Tax Credit，PTC），这项优惠政策是美国联邦政府最主要的风能产业激励政策。为保证环保节能设施的推广和使用，2009 年美国的《美国复兴与再投资法案》中明确规定，政府将提供 43 亿美元的税收扣除并给予新能源厂商和生产者 130 亿美元的税收优惠（此项优惠持续到 2014 年）。2005 年，美国《能源政策法规》规定，个人购买太阳能设施费用的 30% 可用来抵税，从而促进消

费需求。在生物质能、太阳光电等再生能源领域，分别提供生产税收抵减（PTC）或投资税收抵减（ITC）等政策支持。

为激励低碳经济发展，日本政府推行了一系列税收、补贴和贷款政策。日本政府采取了征收环境税、对引入公害防止设备的中小企业给予一定补贴和特别贷款等具体的财政金融政策，以及购置低排放车辆减税、延长低公害车燃料供给设备固定资产税等具体政策。2002年，日本制定了《产学官合作促进税制》，强调产业技术联盟合作对重大产业研究开发的重要作用，如超大规模集成电路、超导材料、纳米技术等研究开发计划实行产学研结合的方式。日本政府还在推动节能技术、生物燃料生产技术、燃料电池的商业化发展，旨在研究"地球环境税"，并探索温室气体零排放的关键性技术。2004年，日本环境省公布了一项新环境税计划以加速温室气体减排。另外，日本政府还将环境友好型项目列为政策投资银行的投融资项目并实施低息融资。

1999年4月1日，德国开始进行生态税收改革，而《实施生态税收改革法》（以下简称《改革法》）的颁布和生效就是改革开始的标志。这次改革是德国政府利用税收手段解决环保问题的尝试。在这次改革中，德国政府征收高达260%的燃油税，远高于英、美等国，以促进低碳技术发展。为了兼顾工、农业生产和清洁能源开发，保护弱势群体，德国政府对农林、采矿、建筑等行业的企业实施生态税税率优惠，税率优惠高达40%；对地方公共交通、使用天然气和生态燃料的交通工具，生态税税率优惠可以达到45%；为鼓励农业生产，德国政府规定对农业生产使用的燃油免征生态税。生态税改革的又一重点是清洁能源的开发和推广。德国政府采取的具体措施有对使用再生能源发电的企业免征生态税等。生态税改革对降低能源消耗、优化能源结构有显著成效。此外，税改强调降低工资附加费用，将税收收入用于降低社会保险费，从而降低了劳动力成本，增强了德国企业的国际竞争力。《德国政府计划2013》规定企业享受的税收优惠与企业是否实行现代化能源管理挂钩。对清除或者减少环境危害产品的企业，可以免缴消费税，还可以享受折旧优惠。

在国际领域，欧盟扮演着低碳经济倡导者的角色，并试图成为国际低碳规则和标准的主导者。欧盟是世界上最先对二氧化碳排放征收碳税的地区。自1990年起，芬兰、挪威、瑞典、丹麦、荷兰、德国等多个国家也陆续启动了对能源消费或碳排放实施征税，而瑞典的碳税高达每吨二氧化碳38.8美元。

三　通过出台一系列政策法规保障战略构想的实现

2005年8月，美国出台了《能源政策法2005》，这个法案由420多条共计18个章节组成，它的基本宗旨是保证美国国内能源的供应，保护美国经济的发展与国土安全以及保护环境，旨在从研发投入、审批流程、监督机制、鼓励机制和财政税收政策等诸多领域进行支持，在能源效率的提高、可再生能源的发展、清洁煤技术的使用、新型氢动力汽车的发展、燃油使用情况的优化等诸多方面尽量降低温室气体的排放规模。2007年，《低碳经济法案》在美国的参议院得到了审议通过，这个法案支持风能与太阳能等可再生能源的开发，对于相关技术的研究投入了大量的资金支持，重视新能源、降低温室效应、摆脱对于石油资源的依赖等问题的发展。这个法案将发展低碳经济作为目标，同时着重推动零碳或者低碳技术的不断研究与应用，并在制度上为相应产业的发展提供保障。2007年12月，《能源独立与安全法案2007》在美国颁布，该法案目标是借助可再生能源的发展与对现有能源的节约使用，以保障国家的能源安全，同时保护环境。它主要强调了两个途径以保护能源安全，分别是节约能源以及研究和发展可再生的能源。同时，法案设立了多个具体化的目标与执行标准以实现上述两条途径，保障法律的有效执行。2009 年，《清洁能源安全法案》，即 ACESA 得到了美国参议院的认可，意味着从法律的层面和政策执行的层面给清洁能源的研究与发展带来了保障，旨在保护美国的国家能源安全和国家独立，推动美国清洁能源领域技术的进步，控制温室效应的产生，同时达到促进就业的目的。这条法案提出要设立一个清洁能源技术领域的基金用来给相关技术的研发提供资金支持，使美国处于该技术的世界领先水平。同年 2 月，《2009 年美国复兴与再投资法案》正式出台，在立法的层面上对新能源技术的开发提高了资金支持，投入大量资金用于研究智能电网、高效电池、碳封存技术和碳捕获技术，以及可再生新能源的发展。

最近几年，日本政府也先后颁布了数条能源技术领域的发展计划与方针，不断提高建设低碳社会的速度。2010 年 5 月，日本众议院审议批准了《全球气候变暖对策基本法案》，此法案要求负责环境问题的环境大臣征求民意，并在此基础上制定行动方针，该法案具体涉及温室气体排放许可交易制度与排放权限，进行"绿色化"的税收制度改革，对可再生能源发电的定价给予全额调配的机制，并推动核能发电，以提高发电效能，同时推动教育与研发等。

1987 年 12 月，韩国有关部门对外公布了《替代能源开发促进法》，标志着其正式开始全方位地对新能源与可再生能源领域相关技术的扶持。2010 年 4 月，《低碳绿色增长基本法》公布，基于绿色增长的主体框架得以确立，它的主要内容包括涉及国家层面的绿色增长的战略，以及在气候问题、能源问题、绿色经济问题上的相关机构与参与者的具体方针。2013 年，韩国对本条法案进行了修订。而在《绿色增长基本法》得以出台之后，韩国政府确定了以智能交通、智能电网以及智能的可再生能源发电等诸多方面的科技研究与创新的商业模式。

短短的十余年间，德国一步步地实现了对过去旧的能源消费结构的升级，并且发展了本国的可再生能源领域。其最根本的原因是德国制定并颁布了多条法律法规与相关政策，同时重视对研究的投入，打造行业的竞争力，并充分带动广大个人消费者的消费与投资积极性。德国1972年颁布了经过重新修订的《德国基本法》，在法律层面给了政府在环境保护领域更大的权力，并于1990年出台了《可再生能源发电向电网供电法》。在这部法律中，公用的电子公司被要求强制性购买可再生能源提供的电力。该法案推动了可再生能源发电规模的快速增长。截至1999年，德国总计完成了约四千四百兆瓦的风电机组，在全球的风力总装机容量中大约占到了三分之一的比重。德国《可再生能源法》分别在2000年、2004年、2008年和2012年进行过四次较大规模的修订与完善。尽管可再生资源的发展非常迅猛，但是德国政府依然担忧传统的褐煤与石煤等发电手段在中长期依然有其不可替代的作用。所以，必须要加快发展高效率、实现清洁煤技术的发电站。针对这一问题，德国政府制定了关于二氧化碳的碳捕获与碳封存的技术的法律框架，通过法律法规为相关技术的发展提供支持。

欧盟未来能够实现其低碳产业发展中的三个百分之二十的目标，于2008年12月，在能源与气候等问题上达成一致，欧盟范围内的低碳经济政策的模型与框架得以正式确立。此次批准了一系列计划，具体包括关于欧盟中的碳排放权的交易机制的修正案，欧盟中各个成员国内部相关配套措施的分配与决定机制，碳能源领域如碳捕获与封存的法律框架的搭建，汽车尾气中二氧化碳的排放有关要求，燃料能源的质量与可再生能源领域指令等六项的计划。欧盟采用制定相关法律法规和政策的方法在制度上为绿色经济提供了保障，比如欧盟中推行的绿色采购的指令，以及各个细分领域中适用各自的标准，等等。在此基础上，欧盟内部不同的成员国之间分别把欧盟出台的公共的法律法规和相关政策于本国内部加以细化并实施。总的来说，欧盟所建立的绿色采购这一法律框架是依照欧盟的相关约定以及其采购指令来界定的。而从国际化的视角观察，欧盟成员国还将受到世界贸易组织的《政府采购协议》中所规定的条款约束。

四　积极运用金融投资促进政策，促进私营部门投资于低碳技术研发

1980 年，美国首先通过了《1980 年能源安全法案》，其中第一次把发展的重点放在新能源领域，同时借助金融手段进行融资，为新能源领域的发展提供支持。美国的公共与私人合伙而成的创业领域投资基金给予了清洁能源企业在初期与后续发展各融资阶段的资金支持。

在韩国，政府致力于利用金融市场的力量来推动低碳产业的进步，给绿色产业提供发展保障，具体包括：建立碳排放的交易机构；将绿色产业领域的专用基金实现规范化与制度化；引入绿色产业领域在股票市场中的价格指数，以促进绿色产业的公募基金的发展；建立绿色产业领域的股权专用交易市场等。

在德国，"市场激励计划"在 1999 年正式推行。在最开始的五年中，每一年的预算投入大约为 1 亿欧元。因为一些原因，德国政府不能对于从事可再生能源生产的厂商免收所有额度的生态税，于是他们采用将该税费用于该领域的技术发展。每年生态税的平

均水平可以由年初的预算投入来反映。2005 年，总额为 6.59 亿欧元的税收收入是从可再生能源的生产之中得到的，而这些收入又都纳入了这项计划之中。这一项市场激励计划主要的目标是对生物质能、地热能与太阳能等进行推广。私人的投资者在进行小规模的安装使用时可以得到由联邦的经济与出口控制局的拨款。而规模较大的投资者则可以选择申请德国的复兴信贷银行所发放的低利息贷款以及一部分的负债清偿。而在金融融资支持的政策上，政府一方面会对从事新能源或者可再生能源生产取得良好效益的企业发放一定的担保性贷款或者给予低利息的贷款优惠，甚至可以把贷款金额的 30% 作为补贴使用。另一方面，政府对于矿物或者天然气等能源企业收缴生态税，而对于风能、地热、太阳能、水能、生物质能等新能源或者可再生的能源发电免除生态税。此外，对于投资的补偿领域，新能源或者可再生的能源用以电力生产的设备能够得到政府的补偿，其数额由该发电设备投入使用的时间来决定，期限是 20 年。同时，补贴的额度每年会降低 1.5% 以促进企业提高自身的创新能力以提高设备利用率，并使得发电成本降低。

五　应用绿色技术专利审查快速通道等知识产权政策加速低碳创新

美国将《综合贸易与竞争法案》进行了修订，通过这一举措将对于知识产权的维护变为美国的经贸政策中的一个核心问题，同时在保护人们的发明创造方面提供了法律依据。这个法案的"特别 301 条款"是用来评价与美国互通商贸的其他经济体是否真正重视并保护了美国人民的知识产权，同时是否设定了相关的法律程序，以使美国的知识产权的创造者与使用人能够有效、受保护地进入这个市场。自 2009 年 12 月 7 日起，美国专利商标局进行了一次尝试，对于重要的同时有战略意义的新兴领域，加快其相关技术的专利审批流程，相关专利包括：（1）改进可再生能源技术；（2）高效利用能源并节约能源技术；（3）旨在治理温室效应的科学技术。而后的 2011 年，美国又颁布了新的《美国创新战略》，旨在为创新提供沃土，进行了多项改革以改变现行的专利审核制度，同时加强知识产权领域的执法力度，并更多地参与到国际性的知识产权的保护之中。最近，美国又在能源战略以及能源的相关条文中表示，将利用对相关领域知识产权的保护，以促进对新能源的进步。

日本对于专利技术的保护同样重视，早在 2009 年，便将具有战略意义的新兴领域的相关科学技术作为优先审核与批准的项目。其中，针对清洁等技术的知识产权申请，将优先被审核并通过复审。日本通过对普通专利技术审查提速的方式，对节能环保领域的技术发展带来了很大的促进作用。这样的举措可以大大提高专利的审批效率。第一次的审核意见完成时间与原来的大约 29 个月相比，下降到只有约 2 个月。凡是申请了优先进行审批的批次，必须要在优先实审等的相关规定中，说明其产品具有的节能环保效果。2013 年，日本相关部门又公布了涉及日本知识产权法的相关报告，并从日本产业的角度，立足当下，展望未来，确定了未来 10 年的政治发展方向。这个战略的主要思想就是：通过帮助知识产权所有人更好地维护自己的知识产权，改善科技创新领域的风气，同时增加相关技术的使用手段，提高行业的竞争力。

在韩国，其知识产权保护部门于 2009 年通过了"工业设计地图项目"，并通过这一项目发布了相应的"工业设计报告"，被应用于科技人员研发与分析各类的环保工业设计之中。同年 10 月起，韩国开始针对有战略意义的相关新型行业专利技术加速进行审核。通过这种快速的审核方式，减少了审核的周期，通过对于这些新兴领域专利技术审查中的便利，期望能够促进相关技术与知识产权的保护。比如，在涉及绿色技术领域的相关专利申请之中，具体如温室效应控制与污染物减排，或是政府提供经费资助的项目，相关的审核都可以在一个月内完成，并可以在四个月内公布审核的结果。相较于此前三个月的审查与六个月的审理时间，速度提高了 1.5~3 倍。在提高相关审核程序的适用门槛方面，韩国实行的规定较为宽松，故其适用的范围也比较大。2007 年，享受加速受理的专利占总实际申请量的 8.22%，到 2008 年则为 10.15%。而在 2010 年，韩国的知识产权局发起了"绿色知识产权信息项目"，主要进行相关产品研发过程中所需要的环境友好的数据分析工作，并将其汇入数据库，为专利技术的研发人员提高相关绿色环保技术的知识产权方面的资料。

六　组织和管理

2008 年，欧委会组织设立了"能源技术战略指导委员会"，它的目的是用来将全部欧盟的成员的科学技术成果汇总起来，致力于促进所有成员国在行动上的统一性与规范，同时，这个组织还会促进各成员之间的信息与资源流动，有助于成员间互通有无，一同发展。欧盟在这个思想的带领下，同时推动了六个项目，比如欧洲基于生物质能的能源项目、欧洲的风力项目、太阳能项目、电网项目、二氧化碳回收和储藏项目，以及可持续性的核裂变反应项目，这几个项目以各自的领域为侧重，同时为低碳产业的发展带来了动力，这也是低碳技术逐渐走向产业化的重要过程。近年来，欧盟的这些举措已经为其协同化的发展打下了良好的基础。

欧盟之中许多产业的平台已经搭建，成员国之间得以共同联手，实现共同的研究目标与发展战略。整个欧洲研究区的成员国都相继开始开展共同的研究项目。名为 Network of Excellent 的卓悦网络组织现在已经开始在各成员国之间寻求联合研究的机会。而成立联合欧洲能源研究院和欧洲能源研究联盟这两项举措，则重点关注低碳科技在清洁型能源领域的运用，在实施上述六项低碳产业项目中与清洁能源有关的项目有四项。

在基础设施的建设领域，欧盟取得了令人瞩目的成就。他们凭借着自己世界级的实验条件与科研研发平台，一方面促进欧洲低碳产业的发展；另一方面也将更多的来自世界不同国家的研究人员吸引到欧洲来进行相关研究。除了以上因素，与公司之间的深度合作也是支持欧盟国家低碳产业发展的一个重要手段。欧盟中低碳产业的发展很大程度上依靠企业的资金注入，同时研究的成果也能反过来为企业带来技术上核心的竞争力。此外，最重要的一个问题是，欧盟现在已经利用他们在低碳领域的技术优势占据了低碳产业中的制高点，实现了将低碳转化为可推广又可持续发展的产业模式。以上这些，都是在欧盟最初设定整个发展计划之初就可以完全设想到的，最终这些想法也实实在在地转变为其在政治上、经济上的巨大优势。

七　对外科技合作政策

"跨大西洋气候和技术行动"是由美国与欧盟国家在 2007 年一同设立的，旨在对气候保护领域进行相关的研究并期望能够设计出一套统一的标准。日本则相应出台了外交领域的低碳产业交流战略，希望能够更好地利用发起国际性会议或者利用政府性资助的方式，推动其与其他国家在低碳领域的技术交流，并最终能够占据更大的市场份额。在合作方面，欧盟非常具有前瞻性，他们在认识到日本在低碳领域的技术领先后，主动出击，与日本进行合作，从而实现了在低碳产业领域中的国际交流与协作，并在这个过程中对日本的低碳技术、发展理念进行学习，最终达到了共同发展。而欧盟在项目经费、研究理念、项目技术、研究方法都取得了很大的进步并融合发展低碳产业之后，欧盟仍然没有放松继续前进的脚步，他们意识到目前所实现的成果并不可以代表整个低碳领域的进步，怎么能够真正地驱动更多的企业、团体和个人认识到低碳产业创新发展的意义与作用才是非常重要的环节。因此，欧盟也举办了一系列的成果发布、展示、推广活动，让广大的个人与企业能够真正了解低碳领域的技术。

第八章　增强中国低碳技术国际
竞争力的政策建议

当前，中国经济正处于新旧动能转换、产业结构调整、刺激政策转型的关键时期，面临稳定经济增长、优化经济结构、扩大国内需求和加速改善民生等多重任务。《中共中央关于制定国民经济和社会发展第十三个五年规划的建议》以创新、协调、绿色、开放、共享为理念，其目标之一是要实现社会的整体低碳化水平，并强调实现这一目标要依靠深入实施创新驱动发展战略，以科技引领和实现全面创新和发展。低碳技术创新有助于实现气候变化的减缓目标，同时也是实现经济发展目标的重要支撑。发展低碳技术，关键是要制定能鼓励和引导低碳技术广泛应用的政策法律。创新驱动低碳技术的开发和产业化发展有助于中国加速经济发展方式转变，实现经济平衡、协调、可持续发展。中国已经是风电、太阳能等低碳新能源领域的世界制造大国，但仍难称得上世界低碳制造强国。其主要原因是，中国低碳领域的整体科技水平仍有待提升。同时，就科技应对气候变化的行动目标，光靠推动技术研发也是不行的，需要进一步推动低碳技术的成果转化和应用，使实验室技术能够在全球市场上迅速且大规模地实现商业化。中国低碳企业，尤其是中小企业的研发能力有限，与国际先进企业相比差距较大，而掌握大部分先进核心低碳技术的发达国家不可能将核心技术轻易让与他国。中国低碳技术的创新发展面临多重现实障碍，其根本原因在于尚未构筑一个具有包容性、针对性、系统性和可持续性的低碳技术创新发展的政策环境。

当前，只有坚持以创新为主要驱动力，以提升质量、促进包容性和差异化发展、鼓励协调和合作为目标，才能满足促进气候变化技术发展的需要。在具体措施方面借鉴国外的技术和管理经验，从中国的现实情况出发，从长远角度考虑，用创新带动低碳技术发展，把低碳技术发展的优势落到实处，在应对气候变化、转变经济发展方式、实现高质量发展等方面发挥优势，并最终将低碳技术培养为中国未来国际竞争力的重要组成部分。基于国家发展的长期规划，现阶段应以多样化的政策选项的组合为工具，不断完善政策体系的连贯性、完整性。同时重视发挥国家创新体系的关键性作用，以高效的、市场为基础的国家创新体系带动低碳技术创新及应用。

一　尽快将低碳技术的发展战略与国家技术创新体系建设相对接

将低碳技术发展融入国家技术创新建设中，使其成为国家技术创新建设的有机组成部分。明确中国发展低碳技术的原则、目标和重点：以经济增产为中心，追求人与自然协调发展，社会生态和谐有序。充分发挥政府的引导作用，各级政府应当制定引导低碳技术发展的机制、体制文件。以可持续发展为指导思想，紧紧抓住建设资源节约型、环境友好型社会、创新型社会的重点，自觉遵循科学发展观的要求，以低碳技术研发、应用为中心内容，制定出中国发展低碳经济技术的国家路线图。以政府指导性文件作为国家技术创新建设的一部分，与"中长期发展规划"、"能源规划"相呼应。

在政府主导制定的经济发展战略规划中，低碳发展应作为独立的部分有所体现；低碳公共技术服务体系应包括碳基金的设立与维护，使碳基金能够切实支持低碳技术的研发、推广和成果转化；政府的激励与约束措施对象既包括企业的低碳生产、低碳技术应用行为，也应当将消费者的低碳消费行为纳入补偿和激励的范畴，对"三高"的消费行为，则应当纳入约束范畴。在政策制定方面，需要将合理的政府干预与高效的市场机制相结合，将对企业的约束激励与对消费行为的引导相结合，制定出地区协调发展的低碳经济发展政策。

二 以立法统筹实现低碳技术创新

当前，全球低碳技术立法正在逐步推进。中国的工业化和城镇化发展迅猛，全球低碳技术立法对中国意味着挑战，也蕴含着机遇。中国的节能减排法律体系虽已建立，但尚有不完善之处，与部分国家或地区相比，中国低碳技术的应用仍待完善。党的十八大报告明确指出要"着力推进绿色发展、循环发展、低碳发展，形成节约资源和保护环境的空间格局、产业结构、生产方式、生活方式"，报告着重指出"保护生态环境必须依靠制度"，反映了中国政府应对气候变化、发展低碳经济的决心。中国提倡"共同但有区别的责任"，在低碳技术立法方面虚心借鉴其他国家的有益经验，主动加强国际法律合作，完善低碳技术立法，促进低碳技术发展。同时有意识地进行舆论的软性宣传，鼓励市场发挥作用，共同助力立法规范的实施，形成合力，全面推进低碳技术发展，软环境和硬约束双管齐下，提升国际竞争力。

完善低碳制度设计。从政府、企业与消费者的互动合作为出发点设计低碳经济制度。既要针对不同主体区别考虑，又要关注不同主体之间的合作行为，制定鼓励合作的制度。在政策执行方面，首先要把握执行所具有的强制性、约束性和激励性的特点。在具体执行中，要牢牢把握经济发展这个出发点，在宏观政策层面向低碳产业倾斜，对低碳产品从设计到推广的各个环节给予政策激励，对"三高"产业则实施约束，推动低碳产业发展。对低碳技术发展过程中尤其需要资金帮助的环节，如研发和推广等，加大扶持力度，从降低成本的角度帮助低碳技术得到推广。从中国国情出发，以低碳经济发展为长期战略目标，建立一套独特的政府政绩考评机制，将低碳经济、环保等方面的指标纳入考评。参照国际通用的碳源－碳汇平衡规则，充分发挥市场机制的作用，推动形成中国的碳汇市场，着重构建碳排放量交易机制。把降低低碳产品地区间的准入门槛作为工作重点，通过搭建绿色通道补偿生态保护行为，激励各省自觉维护生态利益。在生产机制、消费机制层面，不仅要运用税收优惠、财政补贴等传统方式，还要通过经济补偿制度和伦理体系等工具，对生产者、消费者的行为予以反馈，激发这些经济参与者发展低碳经济的热情。

促进气候变化基本法与其他法律政策的衔接和协调。《中华人民共和国气候变化应对法（中国社会科学院研究项目组征求意见稿）》着重强调了科技保障对应对气候变化的关键作用，并确立了应对气候变化的政策应当与其他相关政策相协调的原则。在下一个阶段，应在制定和修改有关文件的过程中将政策之间的协调配合作为重点，即全面提高政策的整体性、系统性。

三 积极推动低碳技术方面的对外合作

其一，积极谋划中国低碳科技对外合作的总体方略。目前，中国还没有较为正式的应对气候变化低碳科技对外合作方案，这份官方文件的制定应当成为下一个阶段工作的重要内容。应对气候变化低碳科技对外合作方案的内容应当包括合作的重点对象、优先领域、合作路线图、合作模式等。不断优化中国科技援外的相关法律制度，并把气候变化作为科技援外的重点。

其二，鼓励中国低碳技术企业走出国门。作为新能源设备的生产大国，中国在关键技术研发方面与发达国家有较大差距。尽管掌握关键技术的需求十分迫切，在技术研发中仍要尊重科学规律，循序渐进。"走出去"是加速提升研发能力和技术水平的有效途径，因而鼓励中国企业收购海外先进企业，进而获取专利技术；鼓励中国企业与国外企业进行联合研发。支持中国企业设立海外研发部门，克服地理位置的障碍，有利于中国企业招揽国际人才，了解前沿科技信息和海外市场需求。金风科技已通过这一途径取得了成功，值得广大中国企业借鉴。[①]

其三，加快实施创新驱动发展战略，积极融入全球创新网络。推动"产—学—研"技术创新体系，以企业为主体、市场为导向，用市场的力量激励技术创新，用科技的力量支持企业发展。鼓励中国企业加入全球创新资源配置中，使企业在开放的环境、合作

---

① 金风科技是中国领先的风机制造企业，以直驱永磁技术在国际市场占有一席之地。这项技术就是金风科技"走出去"所获得的成果。直驱永磁技术最初掌握在德国风机制造商 Vensys 公司手中。金风科技先与 Vensys 搞联合研发，几年后收购了这家德国公司的大部分股权，最终完全掌握了该项技术，拥有了自主知识产权，并获得了强大的研发设计能力。

与竞争的氛围中获得自主创新能力的提升。建立并维护引进消化吸收再创新机制，鼓励企业"走出去"，开展技术研发国际合作，学习先进的技术、产品、工艺。中国政府和企业应积极参与到国际大科学计划和工程中，主动开展多层次、多领域、多形式的国际合作，在传统优势的基础上，努力争取国际合作竞争新优势。通过多种方式，力图全面提高中国科技创新的国际合作水平，利用全球创新资源促进中国企业的科技创新。

其四，积极推动与发达国家间的"南－北"低碳科技合作。在认清与发达国家差距的基础上，在技术能力、生产制造能力方面吸取先进经验，研究发达国家在规模效应、资本、政策环境等方面的综合优势，为技术进步提供良好条件。在国际合作项目上，主动参与发达国家发起的有关项目，通过联合研发等多样的形式开展合作。坚持尊重知识产权的合作态度，在此基础上与发达国家进行全面、有效的交流。争取获得国际合作中的优势地位，如在重大的多边低碳科技合作计划中担任发起人。把握"南－北"低碳科技合作的契机，整合全球资源，尤其是利用好全球高科技领域人力资源，争取在气候变化领域的共性技术难题和瓶颈问题方面取得成效，用实际效果增强中国在低碳科技领域的话语权。

其五，着力推动与其他发展中国家以及欠发达国家间的"南－南"低碳科技合作。与"南－北"在该领域的合作不同，"南－南"低碳科技合作的目标是寻求共同的发展战略。"南－南"低碳科技合作要求中国与其他发展中国家开展政策、技术、标准等方面的交流合作，不仅能够加强知识开发者与使用者的联系与互动，还将推动国与国之间共性技术的研发和共享。中国应灵活运用"南－南"气候基金，以该基金为工具，促进"南－南"应对气候变化科技合作的具体实施。在具体实践中，可以在"南－南"气候基金能够帮助的合作范畴内，设计合作项目，以达到"南－南"

气候基金对领域、对象、方式等的要求，通过在项目中有效的主导作用，逐步提升中国在南南合作中的影响力。

其六，进一步探索"南－北－南"低碳科技合作新形式。目前，"南－北－南"在市场机制、标准体系、技术开发等方面仍需加强合作。在具体实践中，要重视公共部门和私营部门的合作，推动各方合作共赢。共同进行科技研发、产业化合作，在全球范围内实现资源优化配置，以推动低碳技术的应用。在合作中，尊重各方短期和长期利益，在平等互惠的基础上，充分发挥比较优势，逐步实现比较优势的普及，谋求形成新的优势。

四 加强优势低碳专利的海外知识产权战略部署

其一，企业应加强以市场为导向的海外专利布局。政府在此过程中应采用政策鼓励、行政指导等方式，多管齐下，促进中国低碳技术企业的海外布局，在海外布局具体实践层面，政府应帮助中国企业加强风险防控，增强知识产权意识，规避合作风险。通过参与国际低碳行业和技术标准活动，不断完善低碳行业规范和技术标准体系建设，逐步增强低碳国际标准制定领域的话语权。中国应对气候变化低碳科技对外合作方案应当尽早与中国整体外交战略、经贸战略相呼应，使该方案在提升中国外交实力方面发挥应有的作用。

其二，完善支撑保障体系。在应对贸易保护主义方面对企业进行帮扶，为企业提供反倾销、反补贴的应对举措。不断完善海外知识产权保护服务网络，坚持以政府为主导，以企业和行业中介组织为重要参与者，以提供培训、信息支持和服务为具体方式，旨在增强企业的知识产权意识和海外维权能力。鼓励相关的保险和信息咨询服务行业发展，帮助企业规避国际经济活动领域的风险。

其三，构建专业化技术转移服务体系。鼓励和支持包括研发设计、中试熟化、创业孵化、检验检测认证、知识产权等在内的科技服务项目。完善全国技术交易市场体系，推进技术和知识产权交易平台规范化、专业化、市场化、网络化发展。充分发挥科研院所和高校的知识技术优势，逐步构建并完善专业化技术转移机构和职业化技术转移人才队伍。

其四，提升中国标准水平。坚持不懈地在基础通用标准方面进行深化研究，推进技术创新、专利保护与标准化互动支撑机制不断发展和完善，缩短先进技术转化为标准的周期。积极采用国际先进标准作为中国的行业标准，尤其应当重视强制性标准的执行，促进行业技术标准和产业准入水平的提升，用完善的标准体系支持产业升级。在学习国际先进标准体系的同时，重视推动中国企业、联盟或社团加入国际标准研制队伍中，抓住有利时机，将中国优势技术、行业标准确立为国际标准。重视行业协会、商会的作用，帮助协会商会提高组织能力、行业管理能力，发挥其在制定技术标准、规范行业秩序、应对贸易摩擦领域的独特优势。坚持行业协会商会的社会化、市场化改革方向，牢牢把握住行业协会商会的工作重心，即为企业、行业、市场服务。鼓励、支持、引导协会商会进行国际行业组织间的交流合作，将中国的协会商会推向国际舞台。以可持续发展理念指导协会商会内部管理体制和激励机制的改革。推动境外中资企业协会商会建设。

五　制订和完善政府绿色采购法相关法律，促进科技成果转化

概念上低碳产品的政府采购指的是合法的各级国家机关、事业

单位和团体组织等利用公共财政资金进行采购，在技术、服务等指标大致相当时，应当优先购买对环境负面影响较小的绿色产品。从定义上看，低碳产品的政府采购与绿色政府采购的实质相同，根本目的都是保护环境。目前，发达国家和国际组织大都建立了政府绿色采购法律制度体系。相比之下，政府采购在中国刚刚起步。政府绿色采购法律制度对低碳经济发展有重要的促进作用，对低碳经济发展的实践有重要现实意义。为保证政府采购行为符合环保要求，国际实践中常常进行专业对口立法，用法律强制性、有效性的特征加强对相关行为的约束。这是中国可予以借鉴的实践经验。具体来说，在考虑中国现行低碳经济法律法规的基础上，可以考虑制定专业对口立法或市政府令，形式上和内容上可以适当参考发达国家的现有文件，以推动政府绿色采购。如果制定中国的《政府绿色采购法》，内容应当包括范围明晰的绿色采购清单、绿色采购标准、绿色产品内涵等涉及绿色采购的关键内容。作为政府绿色采购行为的纲领，《政府绿色采购法》应当包括对基本制度的描述和规范，从而真正在实践中对政府绿色采购行为予以法律层面的指导。如果这部法律能够出台，意味着相关政策的条文化、具体化，对低碳经济发展的推动作用意义重大，必将推进控制性政策工具的创新，推进支持采购创新产品和服务的政策体系形成。《政府绿色采购法》的实施离不开完善的配套细则，也离不开一套自治的、健全的法律法规体系。在配套细则方面，应对《政府绿色采购法》的各项条文予以细化，使其成为具有可操作性和实际约束力的规定。《政府绿色采购法》是对框架性、原则性问题的规定和阐述，配套细则是具体操作的流程和规范，二者结合方能使政府绿色采购有法可依。在具体规定中，应强调优先购买中小企业创新产品，尤其是鼓励采用首购、订购等非招标采购、政府购买服务等方式，从而达到促进创新产品研发、推广的作用。

六　强化财税政策支持低碳技术创新的功能

提高普惠性财税政策支持力度。坚定不移地推进结构性减税，改变国家对企业技术创新的投入方式，调整为以普惠性财税政策为主的方式。在实际操作层面，统筹研究企业所得税加计扣除政策，改善企业研发费用计核方法，改进目录管理方式，不断扩大研发费用加计扣除优惠政策适用对象。进一步明确高新技术企业的认定标准，对中小企业给予特别重视和特殊帮扶。对现有税制中与鼓励低碳经济发展相违背的部分，尽快予以删改。完善针对低碳经济发展的税收优惠政策，对于不合理、不系统之处予以纠正。目前，中国的环保优惠政策整体性仍有待提高，政策内部存在不协调，应当在当前国情和现实需要的基础上加以调整，使税收制度能够切实促进低碳经济的发展。

开始征收新的环境税。截至目前，和西方的发达国家相比，中国还未开始征收和环境保护有关的环境税，部分税种虽然为环保而设计但实际上对于环境的保护作用有限。同时在目前的税收中，环保领域的各个税种的税收政策相互关联小，无法合力并系统性地解决环境问题，整体性不足。国家应该开始征收环境税，同时针对高耗能的能源与稀缺资源设立专门的税种从而控制民众对这些资源的消费。比如，对碳征税就是从西方的发达国家开始的。这个税收的目的就是利用政府征收碳税的方式，控制居民对于碳能源的利用频率，并引领居民采用绿色清洁能源与节能的产品，最终实现控制温室气体排放并促进国民经济的可持续发展。

为了扶持与激励低碳领域环保技术的发展，国家可以在节能环保设备的各个环节，如选用、生产制造、市场推广、节能减排等，实行多项举措使税收的优惠能够覆盖各个环节，最终形成完整的税收优惠体系。同时，可以采用财政政策来扶持低碳领域的发展。此外，为确保税收政策的可行性，有关部门应该设立完善的审核机制，并在税收政策的制定中，对其所适用的范围进行清晰的界定。

充足的资金支持有助于保障低碳技术的推进。中国应当增大在低碳领域的财政支出，同时搭建一个能够充分实现低碳领域科技创新，市场推广等技术发展的可靠环境。此外，应该设立专门的机构或部门负责碳排放量的统计与核算，以完善地了解中国的碳排放状况，根据中国的具体情况制定有效的政策，促进相关技术的发展。

施行新的财政政策以促进制造业领域低碳技术的发展。对于企业而言，在新技术推广的初期，用于购进设备、购买原料的初始投资成本较高，这样高额的成本给企业发展低碳技术带来了很大的困难。此外，市场过于依赖传统的化石能源，从而使低碳技术的经济效用不显著，也易造成企业投资低碳领域融资难与赢利风险等问题。所以，制造类企业低碳领域的发展需要政府有关部门的资金支持。2007 年，欧美、日本等先进的发达国家在低碳领域投入了大量的经费支持，其中，日本投资 39.1 亿美元排名第一，美国投资 30.2 亿美元排名第二。为了促进中国制造类企业低碳技术的发展，中国政府应当施行财政拨款、财政补贴等各种优惠政策以促进低碳领域的发展。针对有相关技术发明专利的企业，政府应当给予专项资金支持；针对施行节能减排的企业，政府应当给予税收优惠的政策。政府可以通过税收减免、融资便利、无息低息贷款等手段鼓励低碳技术的发展。

鼓励低碳创新的财政政策应当与专利政策相对接。第一，将财政预算与税收收入作为低碳创新的资金，并把后续的税收收入作为资金的补充，以鼓励相关专利的申请，进行经费支持。同时，可以把税收的一部分以财政补贴等形式返还给对低碳产品进行推广的机构与个人，以促进低碳产品在市场中的推广。第二，政府承诺对低碳产品进行采购，以制定采购协定的方式，推动新能源技术的发展。同时，政府可以部分或全部购买国外先进低碳技术的使用权，并在国内进行推广。第三，通过财政补贴与税收优惠等政策促进低碳技术的共享与发展。

七　加大金融政策对低碳技术开发的支持力度

降低低碳领域企业的融资门槛。在低碳制造企业中，相关技术与设备的初始投资过大，导致企业赢利很低。政府应当采用相关的财政与税收政策提高相关企业的积极性，进一步促进企业的融资便利，让企业在融资领域得到更多的扶持，最终提高相关企业在低碳领域的参与度。发展低碳产业的核心问题是研发新能源并减少对于煤炭等传统化石能源的运用。目前中国的新能源发展处于起步阶段，相关技术水平有待提高，发展较慢。政府应当加大财政投资力度，保障相关技术发展的物质需求，购买相关的仪器设备，加大对相关人员的技术培训，最终促进产业的发展。

提高金融政策的扶持，推行"虚实结合"。对于相关产品在出口的信贷与信用保险方面进行政策支持，在海关企业进行分类化管理，为战略性的新兴产品提供便利。通过金融创新对技术创新进行支持，发展创业与投资市场，给予信贷支持更多的灵活与便利，形成各种金融产品共同发展的良性局面。发展低碳产业的一个重要环节就是发展资本市场，拓宽融资渠道。鼓励低碳金融的发展，推进低碳领域信贷政策的发展，提高对于相关项目的金融扶持力度，鼓励碳金融相关领域的创新。推动金融创新，支持互联网金融的发展，同时鼓励 P2P、第三方支付、互联网众筹等新模式新方法的发展。完善相关的法律与条文，尝试开展知识产权的证券化。进行股权众筹融资的试点工作，探索服务于创新的互联网金融。搭建对于知识产权领域质押融资的风险补偿模式，优化质押流程。推进专利的保险试点工作，加快科技保险领域的发展。

发展壮大创业投资的产业规模，制定相关的法律法规。对于种子时期、初创时期等的投资依照税制改革的要求，制定相关的税收奖励政策。对于创业领域公司的税收优惠政策进行研究并扩大，放宽对相关企业的限制，并试点以推广投资抵扣政策，将范围拓展到有限合伙的创投企业法人。与国企改革相结合，设立国有资产的创投基金，完善国有资本创业投资机构的激励与约束体制。依照市场化的准则在新兴产业设立创投引导基金，引导社会资本推动战略性领域与高科技领域在早期与中期企业的发展。落实并完善对于外商投资创业企业的相关规定，利用国外的资本投资创新领域。对于保险资本在投资创业领域的运用进行研究。

八　推动低碳新能源国有企业改革，完善中小企业创新服务体系

其一，大力推进国有企业改革，特别是低碳新能源国企，要充分进行市场化改革，形成竞争格局，并增强活力、提高效率为中心深化改革。实施国有企业创新驱动战略，牢固树立创新发展理念，推动自主创新、管理创新和商业模式创新。大力调整布局结构并进行供给侧改革；充分发挥基金的资本优势、人才优势和机制优势，加快结构调整步伐。大力提升国际化经营水平，继续加大国际市场开拓力度，在研判国际经济形势、提高品牌品质、严控投资风险、提升国际形象上下功夫。

其二，完善中小企业创新服务体系，加快推进创业孵化、知识产权服务、第三方检验检测认证等机构的专业化、市场化改革，壮大技术交易市场。发挥反垄断执法的作用，对垄断协议、滥用市场支配地位等违法行为给予监控和追踪，一经查实必须严格执法，保障中小企业的生存和创新环境。注重企业在技术创新中的主体地位，对科技型中小企业给予有效的帮扶。中小企业在技术创新中发挥着独特的作用。在产权激励、价值发现能力、决策机制、制度安排和组织结构方面，中小企业，尤其是科技型中小企业都具备有利于技术创新的优势。正是基于此，科技型中小企业源源不断地为新兴产业发展提供动力，是新兴产业的产业链不可或缺的一部分，通过开展增值业务，中小企业有力推动了多元化、多层次市场的形成。从本书专利分析部分相关内容来看，国外企业往往向中国申请专利，而中国企业的专利申请能力则相对薄弱。为解决这一难题，应明确科技型中小企业在技术创新过程中的关键地位，并从宏观层面为其发展提供便利，如切实解决政策歧视、市场准入难和融资难等制约因素；通过多种手段和政策工具引导企业加大研发投入、开展技术创新、推广创新成果，为企业自主创新提供良好的政策环境和社会环境；向企业部分开放包括国家重点实验室在内的科研场所，鼓励企业承担国家研究开发任务。

九　完善人才激励政策促进低碳技术发展

鼓励低碳领域发展的一个重要手段是开展广泛的合作。在充分开展国际交流，开办国际性学术领域会议，引入国际先进科技的基础上，中国政府更应当加快科研领域的发展，吸引国内外的研究人才到中国从事研究工作，并搭建起信息共享平台，把综合创新与自主创新相结合，全面推动低碳领域各种技术的发展。

参考文献

专著

［1］独娟：《跨国公司低碳竞争力研究》，四川大学出版社，2016，第77页。

［2］李军军：《中国低碳经济竞争力研究》，社会科学文献出版社，2015，第79～86页。

［3］李孟刚：《中国新能源产业发展与安全报告（2011－2012）》，社会科学文献出版社，2012，第68～71页。

［4］蒋佳妮：《论气候有益技术转让法律协调制度之构建》，法律出版社，2016。

［5］薛进军，赵忠秀编《中国低碳经济发展报告（2015）》，社会科学文献出版社，2015，第9页。

［6］袁潮清：中国低碳竞争力提升路径研究，科学出版社，2015，第49～59页。

［7］张坤民，潘家华，崔大鹏：《低碳经济论》，中国环境科学出版社，2008，第379～519页。

［8］张坤民，西尾哲茂，常杪等：《中日低碳发展比较研究》，中国环境科学出版社，2013，第70页。

［9］张坤民，潘家华，崔大鹏：《低碳创新论》，人民邮电出版社，

2012，第 15 页。

［10］邹德文等编：《低碳技术》，人民出版社，2016，第 7 页。

［11］IEA：Energy Technology Perspectives 2015 – Mobilising Innovation to Accelerate Climate Action，2015.

期刊

［1］李松：《从专利视角——分析中国新能源汽车产业的盛世危局》，《现代商业化》2011 年第 40 期。

［2］陈立敏，王漩，饶思源：《中美制造业国际竞争力比较：基于产业竞争力层次观点的实证分析》，《中国工业经济》2009 年第 6 期。

［3］王琳，陆小成：《低碳技术创新的制度功能与路径选择》，《中国科技论坛》2012 年第 10 期。

［4］王维红，陈文宣：《关于构建低碳技术创新体系的建议》，《中国经贸导刊》2013 年第 24 期。

［5］陈峰：《产业竞争情报视角的国外风电装备制造标杆企业"走出去"的方法及启示》，《情报杂志》2016 年第 35 期。

［6］赵靓，夏云峰，何杰英：《中国风电专利的成就与差距》，《风能》2015 年 7 月 21 日。

［7］谢光亚，李明哲：《基于专利信息的中国风电产业技术创新能力评价》，《工业技术经济》2013 第 8 期。

［8］陈少强，郏紫卉：《发展新能源产业的税收政策初探》，《税务研究》2016 年第 6 期。

［9］卞曙光；中国新能源汽车与电池技术研发进展与重点部署，《汽车纵横》2016 年第 11 期。

［10］龙翔：《第二次汽车专利战争——电动汽车时代中国车企的应对之策》，《中国汽车参考》2015 年 3 月第 1 期。

［11］蒋佳妮，王灿：《"十三五"时期创新驱动我国低碳技术发展的政策建议》，《低碳世界》2016年第2期。

［12］蒋佳妮，王灿：《全球气候谈判中的知识产权问题——进展、趋势及中国应对》，《国际展望》2016年第2期。

［13］蒋佳妮，王文涛，王灿，刘燕华：《应对气候变化需以生态文明理念构建全球技术合作体系》，《中国人口、资源与环境》2017年第1期。

报纸

［1］刘洪强：《"核电中国"让世人刮目看》，《人民日报海外版》2014年5月3日，第8版。

［2］王长尧：《谈可再生能源多边互认的制度价值——专访IEC-RE副主席、鉴衡认证中心主任秦海岩》，《中国质量报》2016年12月21日，第2版。

［3］张栋钧：《风电海外专利布局亟待加强》，《中国电力报》2016年6月4日，第7版。

［4］李晓红：《"十三五"打造风电产业发展新蓝图》，《中国经济时报》2016年12月5日，第8版。

［5］冉瑞雪：《光伏产业海外知识产权风险及防范》，《知识产权报》2014年8月31日，第7版。

［6］崔思静：《光伏产业"走出去"的核心是知识产权》，《知识产权报》2014年8月29日，第7版。

［7］陈妍：《我国新能源亟须加大海外专利布局》，《国际商报》2011年10月12日，第3版。

［8］姜旭：《中国光伏照明企业在美遭遇专利纠纷》，《中国知识产权报》2016年8月4日，第6版。

［9］张义忠：《建设制造强国急需筑牢知识产权根基》，《中国知识

产权报》2016 年 11 月 11 日，第 8 版。

［10］秦海岩：《"锁定效应"是光伏技术进步最大障碍》，《中国能源报》，2016 年 11 月 9 日，第 17 版。

［11］董碧娟：《中国低碳技术已形成研发推广全方位格局》，《经济日报》，2015 年 12 月 1 日，第 8 版。

［12］陈祎淼：《低端过剩高端不足　我国锂电池材料仍存较大问题》，《中国工业报》2016 年 10 月 26 日，第 7 版。

电子、网上文献

［1］国家知识产权局规划发展司：《战略性新兴产业发明专利授权报告（一）》，2015 年 4 月 14 日。

［2］国家信息中心预测部：《推动低碳经济发展亟需建立一套完善的政策体系》，2015 年 2 月 15 日。

［3］新华社：《强化应对气候变化行动——中国国家自主贡献》http：//www. scio. gov. cn/xwfbh/xwbfbh/wqfbh/2015/20151119/xgbd33811/Document/1455864/1455864. htm。

［4］工人日报：《自主品牌海外专利布局应避免"短板效应"》ht-tp：//www. chinanews. com/cj/2016/05－20/7877839. shtml2016 年 5 月 20 日。

［5］张栋钧：《贸易保护频发我国风电海外专利布局亟待加强》，中电新闻网，2016 年 6 月 14 日. http：//news. cnfol. com/ch-anyejingji/20160614/22887056. shtml。

［6］郑丹丹，傅爱兵：《从习主席访美，看中国风电"走出去"——可再生能源系列报告》（3），浙商证券股份有限公司，2015 年 9 月 24 日。

［7］红炜：《当前需要什么样的光伏政策框架?》，北极星太阳能光伏网，2016 年 10 月 21 日，http：//guangfu. bjx. com. cn/news/

20161021/782372. shtml。

[8] 《中国风电产业的海外市场正处于起步阶段》（浙商证券股份有限公司，2015：3）。

[9] 《强化制造业知识产权运用 中国制造将一马平川》，2016 年 11 月 26 日，中国智能制造网 http://www. gkzhan. com/news/detail/dy94410_ p2. html。

[10] Cleantech Group, WWF. Global cleantech innovation index 2014. http://info. cleantech. com/CleantechIndex2014. html. Cleantech – Innovation – Index – 2014.

[11] IPCC, 2014：Climate Change 2014：Mitigation of Climate Change. Contribution of Working Group III to the Fifth Assessment Report of the Intergovernmental Panel on Climate Change [Edenhofer, O. , R. Pichs – Madruga, Y. Sokona, E. Farahani, S. Kadner, K. Seyboth, A. Adler, I. Baum, S. Brunner, P. Eickemeier, B. Kriemann, J. Savolainen, S. Schlömer, C. von Stechow, T. Zwickel and J. C. Minx (eds.)]. Cambridge University Press, Cambridge, United Kingdom and New York, NY, USA.

[12] 国家知识产权局规划发展司：《新能源产业专利技术动向分析报告（上、下)》，2016 年 2 月 25 日。

[13] 国家知识产权局：《中国企业"走出去"面临前所未有的知识产权挑战》2017 – 01 – 27 http://www. xingshuai3. cn/ghjh/2017/01/27/1608. html。

[14] 《中国风电装机连续五年领跑全球"走出去"硕果累累》，中国电力报 http://www. cec. org. cn/xinwenpingxi/2017 – 01 – 05/163295. html。

[15] 王贵清：《中国电力企业"走出去"业绩显著 前景可期》发布时间：2017 – 01 – 05 来源：能源大咖。

［16］《加强标准化建设 推动核电"走出去"》，中国电力网，http:∥
www. cnenergy. org／dl／hd_ 1／201702／t20170217_ 412482. html。

［17］《我国首批拥有自主知识产权的风电机组出口》，http:∥www.
cnwp. org. cn／news／show. php? itemid＝3016。

后 记

党的十八大报告明确提出"科技创新是提高社会生产力和综合国力的战略支撑，必须摆在国家发展全局的核心位置"，强调要坚持走中国特色自主创新道路、实施创新驱动发展战略。中共中央、国务院于 2015 年 3 月出台的文件《中共中央国务院关于深化体制机制改革加快实施创新驱动发展战略的若干意见》进一步指出，到 2020 年，基本形成适应创新驱动发展要求的制度环境和政策法律体系，为进入创新型国家行列提供有力保障。在低碳发展和应对气候变化领域，实施创新驱动战略是党和政府制定方针政策的重点之一。实施创新驱动低碳技术发展和应对气候变化，对中国形成国际竞争新优势、增强发展的长期动力具有战略意义，对中国提高经济增长的质量和效益、加快转变经济发展方式具有现实意义，对降低资源能源消耗、改善生态环境、建设美丽中国具有长远意义。

尽管判断中国低碳技术的国际竞争力最终仍有赖于多重指标的综合判断结果，但本研究重点选择了对外专利布局这一关键要素，试图尽可能地通过一手资料为今后全面综合研究中国低碳技术的国际竞争力探索可行的研究方法，并提供基础性的数据。

本书对低碳技术专利国际竞争力的研究，仅是一个开始，其中有诸多不完善和不全面之处。希望国内外同行，尤其是国内同行能共同探索建立更加完善和准确的专利数据基础资源，以为政府和企业做出更为务实、准确和前瞻性的决策提供基础依据。

目前的研究鲜有针对中国低碳技术对外专利申请和布局的分析，尤其是缺乏将中国低碳技术与其他低碳强国的技术在国际主要低碳市场的专利进行对比分析。然而，开展这样的研究能真实地反映中国低碳技术专利的国际竞争力现状。本研究花费了较大的工作量完成了一手数据的检索，进而进行了分析，在方法和分析角度上实现了创新，但也难免有数据不尽完善之处。未来的相关研究，需根据此研究角度开展更加深入和细化的研究。

本书对低碳技术领域的对外专利分析涉及出口潜在目标国南非、巴西，以及非洲和拉美洲的经济体，这对现有研究涉及较少的领域有一定的先导示范作用。但由于基础数据难以全面统计，对这些国家的专利布局的分析，今后还有研究价值，可考虑扩大潜在目标国，并将知识产权法律框架研究、专利制度、目标国竞争对手的专利布局及专利侵权分析、目标国专利申请及布局等知识产权内容纳入研究视野。

本书的研究和出版得到科技部科技创新战略研究专项"创新驱动国家低碳发展与应对气候变化战略问题研究"（ZLY2015096）及科技部改革发展专项"巴黎会议后应对气候变化急迫重大问题研究"资助。在此深表感谢！

感谢翟欢欢同学在专利统计部分所做的大量基础性工作；感谢王居乔、张晶晶、安麒宇等同学对本研究在文献搜集、文字梳理等方面做出的重要贡献。

感谢工信部国际经济技术合作中心毛涛博士、国家电投上海核工院王德斌高工对本书认真细致的评审和提出的宝贵意见，以及对相关问题的答疑解惑。感谢中国机电产品进出口商会王贵清副会长及太阳能光伏分会张森秘书长、北京海林节能科技股份有限公司刘建伟先生、同方节能工程技术有限公司孙鹏先生、中国科学院创新孵化投资有限公司投资总监钱进文先生、德国国际合作机构（GIZ）王昊平博士对本研究调研问题的解答。

本书的出版得到了社会科学文献出版社责任编辑刘宇轩女士的悉心帮助和耐心指导，她精湛的专业经验，为本书的顺利和及时出版提供了强有力的保障。在此深表感谢！

感谢中心领导对本研究工作的开展给予的大力支持，感谢曹建华副主任、郭成龙副所长、毛涛博士、黄婧博士、宋晓明副所长、谢攀、徐媛、张放博士，清华大学环境学院史欣等领导、同事在调研问卷设计、修改、发放、企业联络、专家联系及行政事务等环节给予的帮助。

图书在版编目（CIP）数据

低碳技术国际竞争力比较与政策环境研究／蒋佳妮，
王灿著. -- 北京：社会科学文献出版社，2017.6
ISBN 978 - 7 - 5201 - 1092 - 1

Ⅰ.①低… Ⅱ.①蒋… ②王… Ⅲ.①新能源 - 国际
竞争力 - 研究 - 中国 Ⅳ.①F426.2

中国版本图书馆 CIP 数据核字（2017）第 153009 号

低碳技术国际竞争力比较与政策环境研究

著　　者／蒋佳妮　王　灿

出 版 人／谢寿光
项目统筹／许秀江
责任编辑／王婧怡　刘宇轩

出　　版／社会科学文献出版社·经济与管理分社（010）59367226
　　　　　地址：北京市北三环中路甲 29 号院华龙大厦　邮编：100029
　　　　　网址：www.ssap.com.cn
发　　行／市场营销中心（010）59367081　59367018
印　　装／三河市东方印刷有限公司

规　　格／开 本：787mm×1092mm　1/16
　　　　　印 张：12.5　字 数：152 千字
版　　次／2017 年 6 月第 1 版　2017 年 6 月第 1 次印刷
书　　号／ISBN 978 - 7 - 5201 - 1092 - 1
定　　价／65.00 元